七條式・接客サービス50のポイント

ポイント01
基本をしっかりと身につけて、接客従事者としてふさわしい人になろう。

ポイント02
笑顔で「お客さまのことを大切に想っています」というメッセージを伝えよう！

ポイント03
身だしなみを侮るなかれ。たかが着ぐるみ、されど着ぐるみ。身だしなみを整えることは、お客さまの前に出る資格を得ることだと心得よう。

ポイント04
誠実な接客態度を積み重ね、クレームを限りなくゼロにしよう。

ポイント05
気持ちのよい「はい！」はお客さまに安心感をもたらすもの。たった2文字の「はい！」で接客の質をあげよう！

ポイント06
カジュアルな印象を与える「うん、うん」は好みが大きく分かれるところ。正しい敬語とハツラツとした表情と声で誠実な相槌を心がけよう。

ポイント07
思い込みや情熱でお客さまの言葉を遮るのはNG。相手からの会話のボールをしっかりと受け止める習慣をつけよう。

ポイント08
誰に聞かれても恥ずかしくない美しい日本語を使おう。

ポイント09
曖昧な回答はお客さまをモヤッとさせる原因に。「正確な情報をお伝えする」、まずはこのことを念頭に置こう。

ポイント10
マニュアルに記載された接客用語に固執せず、状況に合わせて使い分けよう。

ポイント11
「自分たちの会話内容やその姿がどのように受け取られているのか」という視点を持とう。

ポイント12
自分が投げた会話のボールをお客さまがどのように受け止めているのか見届けよう。投げっぱなしはNG！

ポイント13
フォーカスすべきは、正しい言葉で説明・案内をすることではなく、「お客さまがきちんと理解してくださっているかどうか」。お客さまの理解度に注目しよう。

ポイント14
お客さまの快適性向上と自らの職場（ステージ）を美しく保つため清掃状況に関心を持とう。

ポイント15
床に落ちたものを平気でお客さまに渡すのは絶対にNG！お客さまがお買い上げになった商品を「大切に扱う」という感覚を身につけよう。

ポイント16
「返事をしたつもり……」ではクレームになる可能性も！相手に届いてこそのコミュニケーション、誤解を招く小さな声は改善しよう。

ポイント17
お子さまには、目線を合わせるなどの安心感ある対応を心掛けよう。ただし、過度な子ども扱いは禁物！大人同様に敬意をもって接しよう。

ポイント18
年配のお客さまには、「お客さまとしての敬意十人生の先輩としての敬意」、さらに労りの気持ちをもって接客に臨もう。

ポイント19
お客さまの善意に気づき、しっかりと感謝の言葉と心を伝えよう！

ポイント20
自分の過失ではないことでもお客さまの声は誠実に受け止めよう。その対応こそが火種を消せるか否かのわかれ道！

ポイント21
時間通りにお越しくださったお客さまの「イラッ」「モヤッ」に気づき、声をかけることで感謝とお詫びの心を伝えよう。

ポイント22
お客さまの「すみません」は温かい心遣いによるもの。ありがたいお客さまであることを理解し、常に感謝の心を忘れずに！

ポイント23
マナーの悪いお客さまに対しては、解決に向けたアクションをとろう。快適な空間の維持、秩序のコントロールも接客スタッフの仕事であると心得よう。

ポイント24
担当ではないお客さまも「大切なお客さまである」という意識を持ち、いつも変わらない笑顔、挨拶、アイコンタクトを心がけよう。

ポイント25

「その対応の目的は何か？」と
考える習慣を身につけ、
目的にそった配慮を忘れずにいよう。

ポイント26

目の前のお客さまを大切にすることに加え、
周囲のお客さまの感情にも敏感になろう。

ポイント27

お客さまからの「感謝」「好意」「応援」の
気持ちを否定せず、受け取り上手になろう！

ポイント28

ピンチと思える場面こそ、
お客さまから逃げずに
しっかりと向き合おう！

ポイント29

「お客さまの発しているサインは
すべて見逃さない」という意識を持って
お客さまの様子をよく見よう！

ポイント30

お客さまに「愛情・興味・関心」を持ち、
接客のプロであることの自覚を持とう！

ポイント31

いつ、どこで、
誰に対しても変わらない誠実な態度。
このような人格・品格がブランドを構築し、
ファンを増やすことに繋がると理解しよう。

ポイント32

マニュアルに固執して
柔軟な対応ができないのは残念。
どんな場合にマニュアルを超えた対応を
するのか、その判断基準を明確にしてみよう。

ポイント33

発信する言葉も写真もすべてが商品。
「自分」というものを表現するに
ふさわしい画像、ふさわしい言葉を選ぼう。

ポイント34

せっかくの感謝の言葉「ありがとう」。
その想いをよりしっかりと伝えるために
「何に対しての感謝なのか」を
具体的な言葉で表現しよう。

ポイント35

お客さまだけでなく仲間に対しても
「大切に想っている」というメッセージを伝え、
チームワークの要となろう！

ポイント36

接客はお客さまの感じたことがすべて。
「大切にされている」と感じていただけたならばＯＫ。
「ないがしろにされた」と感じさせてしまえばＮＧ。

ポイント37

自ら考え工夫するからこそおもしろい！
あなたの魅力や可能性を
惜しみなく発揮しよう！

ポイント38

「良かれ」と思った接客が
本当に喜ばれているのか、
状況に即しているものなのかを考えよう。

ポイント39

マニュアルの丸暗記ではなく、
考えながらインプットすることで
接客力を向上させよう！

ポイント40

お客さまからの絶大な信頼を得るためには、
現状に満足することなく成長を続けることが
大切だということを知ろう。

ポイント41

今の環境から得られることをすべて
学びとして蓄え、
チームをけん引する立場になる日に
備えよう！

ポイント42

はじめから自信のある人はいない。
失敗やクレームを恐れるよりも、
精一杯の心を添えることに努めよう！

ポイント43

接客を通じて、
愚直に誠実にやり続けた人だけが得られる
「プライスレスな喜び」を体感しよう！

ポイント44

接客とは
誰かの人生の1ページに色を添えるもの。
出会ったお客さまの日常のワンシーンに
小さな幸せをプレゼントできる人になろう。

ポイント45

どんなケースからも学びがあると気づかせ、
自分を成長させてくれるのが
接客だと感謝しよう。

ポイント46

人の前に立ち続ける緊張感は
見た目をキープするための原動力。
いつまでも若々しく
ハツラツとした姿でいよう！

ポイント47

接客で体得できる
「初対面の人にも物怖じすることなく
心地よい関係性を築ける力」を
プライベートでも発揮しよう。

ポイント48

一筋縄ではいかない経験と引き換えに
「強い心」を手に入れよう。

ポイント49

接客を通じて得た痛みや喜びを、
自分自身の人格や品格の形成に繋げていこう。

ポイント50

お客さまのストーリーから
学びを得て視点を増やし、
視野を広げて豊かな人生を送ろう！

これだけできれば大丈夫！

すぐ使える！

接客1年生

お客さまに信頼される50のコツ

七條 千恵美
Chiemi Shichijo

ダイヤモンド社

はじめに

接客の本質を理解しよう

こんにちは。七條千恵美と申します。

数ある接客本の中で、本書にご興味をもっていただきありがとうございます。

あなたは今、まさに接客の世界へと足を踏み入れるところでしょうか？

それとも、接客の仕事を始めたけれど、少し行き詰まりを感じているところでしょうか？　または、あなた自身はオーナーか店長でスタッフの指導育成に適した接客本をお探しでしょうか？

私は、客室乗務員（CA）として国内線・国際線に乗務し、また、お客さまに愛されるCAの育成をミッションとしたサービス訓練教官の経験があります。

私のCA時代の成功体験も失敗も余すところなく披露し、エアライン、ホテル・旅館、アパレル・雑貨、飲食、美容室・ネイルサロン、スポーツクラブ、流通・小売り等の接客に携わるあなたのお役に立てればと思います。

私がこの本を書きたいと思った理由は、3つあります。

接客に関する多くの本は、「お客さまの心を掴む！」「感動を与える！」「最高級の接客を！」ということを目指して書かれているものが多いようです。

たしかに最終的に得たいものは「お客さまからの支持」ですので、それに対しての異論反論はありません。

ただ、それらを手に入れるために華やかなエピソードや過剰な演出ばかりが先行し、「基本」が置いてきぼりになっているように感じることも多々ありました。

もっとも大切なことは「基本」です。

その原点に立ち戻っていただくための情報をお届けしたい。そう思ったことがひとつ目の理由です。

2つ目は、私が暗記が大の苦手だったことです。

「暗記すれば点数がとれる」といわれている社会は一番の苦手科目でした（笑）。

国語や算数のようにテストの中にヒントがあるなど、公式を忘れても工夫をすれば解けるような教科が好きでした。

「暗記型」と「本質理解型」の違いです。接客に生かされるのは、もちろん後者です。

マニュアルを暗記するのではなく、**接客の本質を理解していれば応用問題だって大丈夫**です。

「マニュアルの暗記」ではなく「接客の本質を理解」する。それにより自ら考え行動できる接客スタッフが増えてほしいと思います。

そして3つ目ですが、現在の研修講師という立場上、私は、社長や店長などから直接お話をうかがうことが多いです。皆さまからは、スタッフの指導育成について日々考えてはいるものの、「他の業務に忙殺されてその時間が捻出できない」「指導をしても効果的な方法であるのかわからない」というお悩みを聞くことが少なくありません。

また、ご意見としては、

「難しいことや理想的なことよりも、まずは本当に基本的なことを身につけさせたい」、そのようにおっしゃる方がほとんどでした。

これらの背景があり、孤軍奮闘する社長や店長の力になりたいと思いました。

一流の接客の前に、まずは**お客さまの「イラッ」「モヤッ」をなくしてクレームをゼロに近づける。それが、接客のはじめの一歩**です。

そのための指南書として、職場で活用していただければ幸いです。

とにかく、どなたにとっても「わかりやすく」「すぐに実践できること」に重点を置いて書きました。

本書が、皆さまのお悩み解決に役立つことを願ってやみません。そして、心の「モヤッ」も晴れますように。どうか、最後までお付き合いください。

２０１８年10月

株式会社ＧＬＩＴＴＥＲ　ＳＴＡＧＥ代表取締役　七條千恵美

目次

はじめに
接客の本質を理解しよう　3

第1章
お客さまの「イラッ」「モヤッ」をなくすことが基本～これができていますか？

01
お客さまの「イラッ」「モヤッ」に気づいていますか？
――「接客の基本」を標準装備する　18

02
お客さまは、スタッフのここを見ていることを知っていますか？
――「真顔」「仏頂面」「目も合わせない」はNG　22

03
「視覚から入る印象」が接客に大きく影響することを知っていますか？
――お客さまがあなたを見て「清潔」だと感じてくれることが大切　26

04
お客さまにクレジットカードやレシートをお渡しするとき、どうしていますか？
——感謝と歓迎の気持ちを込めましょう
31

05
お客さまからの問いかけに、きちんと返事をしていますか？
——「はい！」の持つすごい効果
35

06
「うん、うん」という相槌がクセになっていませんか？
——相槌には、敬意と誠実さが必要です
40

07
お客さまが言い終わらないうちに言葉をかぶせていませんか？
——お客さまからの言葉のボールをしっかり受け止めましょう
44

08
親しみやすさと馴れ馴れしさが紙一重の言葉や語尾を使っていませんか？
——誰に聞かれても恥ずかしくない言葉で話す習慣を身につける
49

09
お客さまからの質問に対して「たぶん◯◯だと思います」と言っていませんか？
——確かな情報をお伝えすることを優先しましょう
53

10 お待たせしないのに「少々お待ちください」と言っていませんか？ 57
——「ただいまお持ちいたします」など前向きな言葉を使う

11 スタッフ間でのおしゃべり、お客さまに聞こえていませんか？ 62
——話し方、話す内容、話す場所に配慮する

12 アナタの投げた会話のボール、お客さまに歓迎されていますか？ 66
——相手をよく見ながら言葉のキャッチボールを

13 専門用語やカタカナ言葉、お客さまはちゃんと理解されていますか？ 70
——相手の表情、声のトーン、返事までの間から理解度を探る

14 店内に落ちているゴミ、見て見ぬフリをしていませんか？ 74
——先輩・後輩の区別なく、気づいた人が率先して掃除する習慣を

15 レジで床に落とした商品を戸惑うことなく袋に入れていませんか？ 79
——大切に扱うという意識に欠けた行動は、不快感を与えます

16 あなたの小さすぎる声、届いていますか？ 84
——「言ったつもりです」はＮＧです！

第2章

さらに、ここを直せば好感度200%アップ！【接客の応用編】

01 お子さまが小さなお子さまの場合は、どうしますか？ 90
——できる限り目線の高さを合わせて声をかける

02 シニアのお客さまに、どのように対応していますか？ 94
——目の前にいるお客さまが自分の親や祖父母だったらと考える

03 お客さまが通路を譲ってくれたとき、無言で通り過ぎていませんか？ 98
——お客さまへの感謝と歓迎を惜しみなく表現する

04 自分のミスではなくても「お詫びする」という発想はありますか？ 103
——自分が代表として仲間のミスを謝罪するという姿勢を

05 時間通りに来店しているお客さまの気持ちを理解していますか？ 107
——お待たせしているお客さまの「モヤッ」「イラッ」を放置しない

目　次

06 お客さまの「すみません」という謝罪をスルーしていませんか？
——感謝の気持ちを言葉と笑顔にのせてお客さまに伝える　111

07 マナーの悪いお客さまを野放しにしていませんか？
——快適空間の維持、秩序のコントロールも接客スタッフの仕事　115

08 あなたの担当のお客さま以外も「お客さま」だと肝に銘じていますか？
——「すべてのお客さまは自分のお客さま」という意識を　120

09 人に見られたくない商品を買ったときの「色つき袋」の意味とは？
——買ってくださったお客さまに対して、最大限の配慮を　124

10 レジが長蛇の列なのに、常連さんと長話をしていませんか？
——「察知力」「気づく力」こそが接客の要　128

11 お客さまからのお褒めの言葉、しっかりと受け止めていますか？
——「嬉しい！」という素直な気持ちを表情や言葉にのせる　132

第3章

ここまでできれば、あなたのファンがもっと増える！【接客の上級編】

01 目の前にいるお客さまから逃げずに、しっかり向き合っていますか？
——トラブルが発生したときほど、泥臭くお客さまと向き合う 138

02 お客さまをしっかり観察していますか？
——お客さまが目を合わせてくるときは「気づいて！」のサイン 142

03 目の前にいるお客さまに「愛情・興味・関心」を持つ
——「気づく力」は、日々の意識で磨くことができる 146

04 お店以外でのふるまいは、恥ずかしくないものですか？
——「常に見られている」という意識を持つ 150

05 接客マニュアルに載っていない対応を迫られた場合、どうしますか？
——七条式3つの判断基準 154

06 SNSに掲載する画像や投稿文は、恥ずかしくないものですか？ ――写真も投稿に使う言葉も、その人そのものを表す 159

07 お客さまへの感謝の言葉を「具体的に」伝えていますか？ ――ありきたりのフレーズを避けるコツ 163

08 「あなたを大切に想っています」というメッセージ、仲間にも伝えていますか？ ――スタッフ間の温かい雰囲気は、お客さまにも伝わる 167

09 接客のOKとNG、その線引きは？ ――お客さまと真剣に向き合う「心」があるか 171

第4章

応急処置より根本的解決でクレームをチャンスに変える!

01 「やらされている」と思うから、つまらないのです!
——「自発的」に仕事をしている人がお客さまの心を掴む 178

02 「何のためにやるのか?」を理解していないと上滑りした接客に
——独りよがりな接客は、クレームになりかねない 182

03 考えながらマニュアルを読むことで臨機応変な接客力が身につく
——接客の正解はひとつではない 187

04 どのスタッフでも安心という信頼感は、一夜漬けで得られるものではない
——「気づきを得たあとの継続」が大事 191

05 上司や先輩の「見習いたい!」と思える背中から学ぶこと
——リーダーに必要なものは「説得力」 195

06
そもそもが「いい接客をしなければならない」ではないはず！
――接客で大切なことは「自発的な気持ち」 199

第5章 「接客できる」は武器になる！
～接客から得られる8つのメリット

メリット 01
お客さまからの「ありがとう！」は最高のご褒美 204

メリット 02
誰かの幸せに貢献でき、人生に厚みが出る 208

メリット 03
「次はどうすればいいだろう？」という発想が身につき、日々成長できる 212

メリット 04
「見た目をキープしなきゃ！」という気持ちを後押ししてくれる 216

メリット05 コミュニケーション能力は、どんな場所でも役に立つ 220
メリット06 強い心が育つ 224
メリット07 お客さま側に立ったとき、品格ある行動ができるようになる 228
メリット08 広い視野を持つことができるようになり、世界が広がる 232
おわりに 「当たり前」にできるようになるまで継続して実践する 236

第1章

お客さまの「イラッ」「モヤッ」をなくすことが基本

～これができていますか？

01

お客さまの「イラッ」「モヤッ」に気づいていますか？

――「接客の基本」を標準装備する

お客さまの感情は常に同じではありません。

それは刻一刻と変化しています。

たとえば、気分が天候に左右される方もいらっしゃるでしょう。居合わせた他のお客さまによってなにかご不満を抱えたり、店内が混みすぎていてイライラしたり……。

逆に、天気が良くて心穏やかに過ごすことができたり、店内が開放的でゆったりできたり……ということもあるでしょう。

さらには、神経質なお客さまもいれば、おおらかな方もいらっしゃいますので、接客サービスに対しての期待値も異なってきます。

このように、お客さまは十人十色です。

いいえ、同じ人であったとしても体調や環境などによって感情は変化しますので、十人百色と言えるかもしれません。

接客に従事するからには、お客さまには快適な環境でお過ごしいただきたいものですよね。この本をお読みのあなたも、基本は心温まる対応がしたいという想いをお持ちだと思います。

でもその前に。前述した通り、お客さまは様々です。

すべてのお客さまの感情の変化に気づき、ご満足いただくのは至難の業です。

だからこそ、しっかりと「準備」をして臨んでほしいのです。

では、その「準備」とは何か？

それは、**接客サイドに起因する、お客さまを「イラッ」「モヤッ」とさせる要因を排除しておく**ということです。

本書の中で説明する**「接客の基本」を標準装備**して臨んでほしいと思います。

当然のことながら、接客において大切なことは、**「相手（お客さま）の様子を見て気**

づき、それに見合った対応をする」ということです。

しかし、まずはお客さまの前に立つ以前に知っておくべきこと、やっておくべきことがあります。

つまり、**基本をしっかりと身につけて接客従事者としてふさわしい人になる**ことが、まずは必要なのです。

そして、その準備とは、あなたの心がけひとつでできることばかりです。

▼まずは「エラーをしない」こと

厳しい言い方をすれば、まだまだ「気づく」「察する」ということが得意ではない接客初心者だからこそ、せめてもの準備をしておくのは当然のことといえるでしょう。

しかも、その「準備」はお客さまの「イラッ」「モヤッ」を緩和させるだけでなく、必ずやあなた自身にとってもメリットがあることです。

クレームの火種となる「イラッ」「モヤッ」を極力排除することを心がけ、あなたにとっても楽しい接客時間となるように、明日からすぐに実践できるあれこれを、これからご紹介していきます。

いきなりホームランバッターになろうとする必要はありません。

ホームランを打つことよりも安定的に「エラーをしない」「ヒットが打てる」、そのほうが大切です。

どんな場面でも安定した接客ができるよう、まずは基本のキをしっかりとおさえましょう。

ポイント01

基本をしっかりと身につけて、接客従事者としてふさわしい人になろう。

02

お客さまは、スタッフのここを見ていることを知っていますか？

――「真顔」「仏頂面」「目も合わせない」はNG

接客に関する仕事をしていなくても**「接客には笑顔が大切」**ということは周知の事実。そうです、こんなことは誰でも知っています。

しかし、問題は「それがどれほど大切か」ということを多くの人が知らなすぎるということです。

同じことを言うでもやるでも、そこに笑顔が添えられているのか、しらけたような真顔なのかで印象は大きく変わります。

真顔ならまだしも、仏頂面や眉間にシワの入った嫌そうな表情だったらどうでしょうか？

「なんでこんなに嫌そうな顔をしているの？」

「感じ悪いなあ……」

お客さまのこのような**小さなモヤモヤが積もっていくと、大きなクレームに繋がります。**状況によっては一発でクレームになることもあり得ます。

それくらい、お客さまはよく見ているのです。

見ているのはスタッフの表情ではありますが、本当に見ているのはここです。

それは、スタッフの表情で「自分が大切にされているのかどうか」ということを瞬時に、無意識に確認しているのです。

笑顔は、言葉にせずとも「あなたを大切に想っています」「歓迎しています」「ご利用を感謝しています」というメッセージを伝えることができるものです。

ゆえに、表情が「真顔」「仏頂面」「目も合わせない」というのは、その逆のメッセージを伝えているということと同じなのです。

クレームになってから「そんなつもりはなかったのに」といったところでもう遅いのです。

接客はお客さまが感じたことがすべて。そのような誤解を与えてしまった自分を素直に反省し、次のステップへの学びとするしかありません。

とにかく、まだまだ接客に慣れていない人ほど笑ってくださいね。

▼スタッフの笑顔で、お客さまは「応援したいという気持ち」になる

お客さまは、接客をうけるとき、そのスタッフが接客に慣れているのか不慣れなのか肌で感じています。

ベテランの笑顔は「こなしている感じがする」「押しつけがましい」と思われてしまうことがありますが、**接客1年生の笑顔は「一生懸命」「ひたむき」「微笑ましい」といったような「応援したくなる気持ち」を持たれることが多いです。**

笑顔でいることで「お客さまのことを大切に想っています」というメッセージを伝えることができます。そうすると、あなたも応援されます。「笑わない」を選択する理由は、どこにもありません。

ただし、表情というのは改善が難しいということは知っておいてください。自分では笑っているつもりでも、実際の表情が他人から見て「笑顔」だと認識できない場合もあります。また、普段から表情がとぼしく、使っていない表情筋がカチコチになっていて、いざというときにハツラツとした表情ができないという人も見かけます。

日頃から笑顔でいることを心がけましょう。

そして、**もし誰かから「表情が冷たい」「最初は怖い人かと思った」と言われたことがあるならば、その言葉を真摯に受け止めて表情の改善に取り組んでください。**

ポイント02

笑顔で「お客さまのことを大切に想っています」というメッセージを伝えよう！

03

「視覚から入る印象」が接客に大きく影響することを知っていますか？

——お客さまがあなたを見て「清潔」だと感じてくれることが大切

「おシャレは自分のため、身だしなみは相手のため」

このような言葉を聞いたことはないでしょうか。

おシャレは自分の欲求を満たすためにすることですが、身だしなみは相手あってのこと。不快感を与えないというだけに留まらず、商品やサービスに見合った印象、つまり、信頼感や安心感、親しみやすさなどを感じていただくために整えるということです。

ボランティアで接客をするならともかく、「仕事」としての接客ならば、ＴＰＯをわきまえた格好をするのは当たり前のことです。

また、身だしなみだけですべてが評価されるわけではありませんが、世間で「一流」と呼ばれている接客業界、たとえばエアラインやホテルのスタッフの身だしなみは、きちんと整えられており、統一された美しさがありますよね。

もちろん、人間は「見た目」よりも「内面」や「心」が大切です。私も心からそのように思っています。

しかし、**笑顔や身だしなみに代表される「視覚から入る印象」が、接客評価に大きく影響することは事実**です。

瞬時に決まってしまう初対面での印象。その怖さを知っている人は、「いい意味での緊張感」を保ちながら接客をすることができます。

私は、CAとして乗務するときも教官として訓練生を指導していたときも、身だしなみには並々ならぬこだわりを持っていました。

今、研修や講演でも「見た目」がいかに重要かをお伝えしています。

しかし、それと同時に一方では「見た目などしょせん着ぐるみ」だとも思っています。

さきほども述べましたが、人間は中身が大切です。とはいえ、見た目の印象で判断されることは非常に多いのです。

▼身だしなみのキーワードは「清潔感」

「たかが着ぐるみ、されど着ぐるみ」、きちんとした身なりをしていれば、あなたは良い結果を得ることができます。

ところが、**だらしない見た目はお客さまを不快にするだけでなく、あなた自身にとってもいいことは何もありません。**このようなことで誤解を与えて損をしないでほしいのです。

突発的に対応しなければならない接客シーンや難しいクレーム対応と異なり、接客のキャリアに関係なく自分の努力で磨くことができるのが身だしなみです。

あなたの身だしなみは○ですか？　×ですか？

いくつか例をあげますのでチェックしてみてくださいね。キーワードは**「清潔感」**です。相手があなたを見て「清潔」だと感じてくれることが大切です。

1．髪形は仕事にふさわしいですか？　特に飲食物を扱うのであれば、整髪料で髪を

接客現場にふさわしい身だしなみになっていますか？

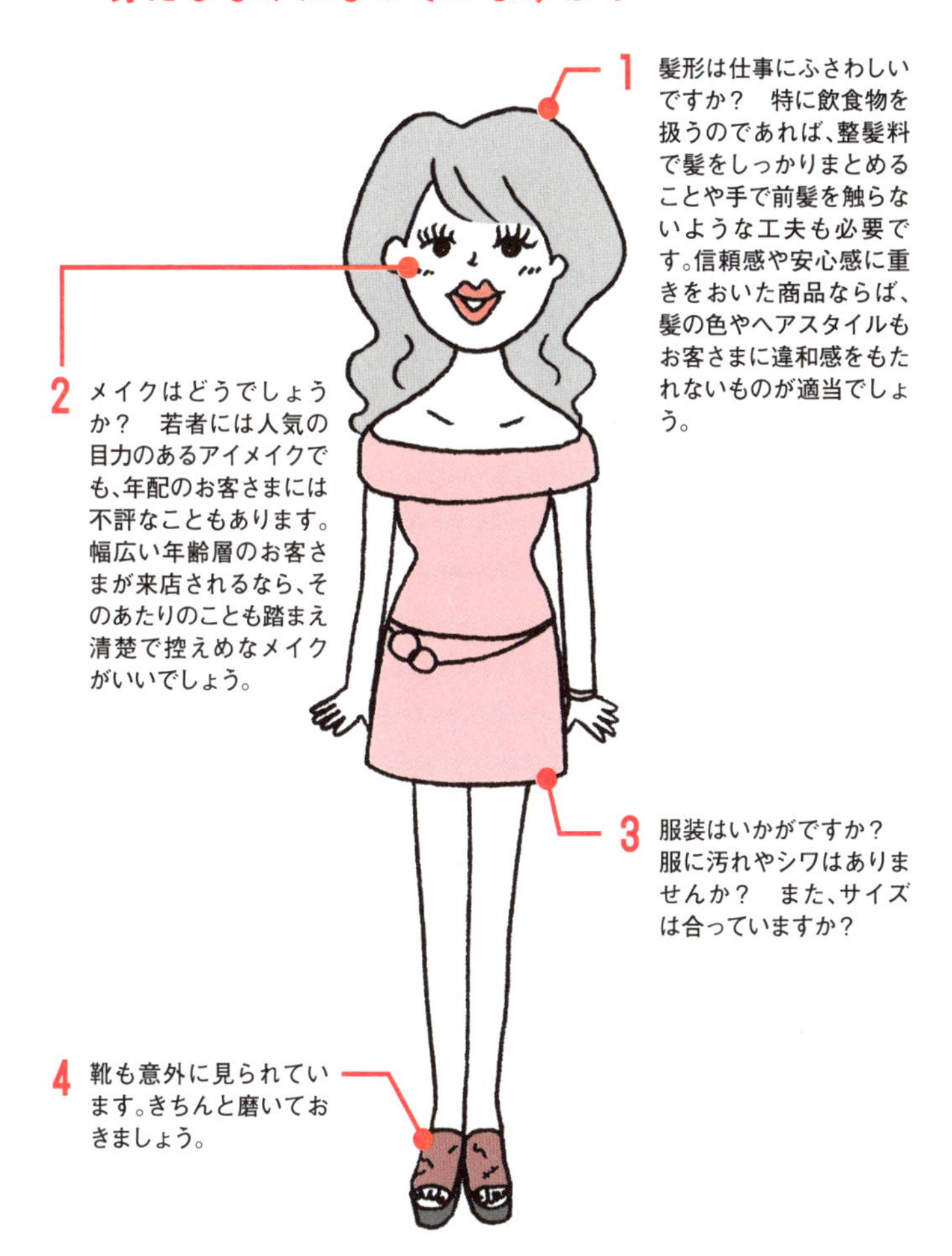

しっかりまとめることや手で前髪を触らないような工夫も必要です。信頼感や安心感に重きをおいた商品ならば、髪の色やヘアスタイルもお客さまに違和感をもたれないものが適当でしょう。

2．メイクはどうでしょうか？　若者には人気の目力のあるアイメイクでも、年配のお客さまには不評なこともあります。幅広い年齢層のお客さまが来店されるなら、そのあたりのことも踏まえ清楚で控えめなメイクがいいでしょう。

3．服装はいかがですか？　服に汚れやシワはありませんか？　また、サイズは合っていますか？

4．靴も意外に見られています。きちんと磨いておきましょう。

これを機に身だしなみについてしっかりと振り返ってみてくださいね。

ポイント03

身だしなみを侮るなかれ。たかが着ぐるみ、されど着ぐるみ。身だしなみを整えることは、お客さまの前に出る資格を得ることだと心得よう。

04

お客さまにクレジットカードやレシートをお渡しするとき、どうしていますか？

――感謝と歓迎の気持ちを込めましょう

接客を学ぶとき、「美しい所作」というフレーズが多く出てきます。当然のことながら、お客さまに見られているわけですから、美しさがあるに越したことはありません。

しかし、接客1年生の場合には「美しい身のこなしで魅了する」というイメージよりも「誠実な接客態度を身につける」というイメージをもっていただきたいと思います。

なぜならば、美しい所作というものは、そもそもお客さまへの配慮が土台にあるものだからです。まずは**「誠実さ」「真摯に向き合うこと」「配慮」**、これらのような「心」や「意識」というものをしっかりと固めましょう。

たとえば、挨拶をするとき。あなたは「どのように」挨拶をしていますか？

言葉で「いらっしゃいませ」「こんにちは」と伝えていても、お客さまの顔も見ていない挨拶はかえって失礼な印象を与えてしまいますよね。

大切なことは、感謝と歓迎の気持ちを感じていただくことであり、「いらっしゃいま

せ」「こんにちは」という音を伝えることではありません。

▼表情や態度で誤解を与えないように

お客さまにクレジットカードやレシートをお渡しするときはどうでしょう？

向きを考えて両手でお渡ししていますか？

これもさきほどの挨拶と同じですが、両手で渡していればいいというものでもありません。**いくら両手を使っていても、お客さまと目も合わせず、体は次の作業姿勢に移っているようであれば、お客さまは「こなされている」という印象を受け、誠実さを感じることはできません。**

それならば、何かの事情で片手でのお渡しになったとしても、「片手で失礼いたします」という言葉とアイコンタクトのあるほうが好感はもてるでしょう。

また、お客さまがお買い上げになった商品、お預かりした上着やクレジットカードなど、これらを雑に扱ってはいませんか？　いずれも「モノ」ではありますが、その所有者はお客さまであるということを忘れないでくださいね。お客さまを大切にする気持ちと同じく、このようなモノも大切に取り扱ってください。

接客においてのクレームは様々ですが、クレームをもらいたくて接客をしている人はいないと思います。みんなそれぞれに自分なりの正解でベストを尽くしているはずです。

では、なぜ悪気はないのにクレームを多くもらってしまう人がいるのかというと、**表情や態度で誤解を与えているからなのです**。なんともったいないことでしょう。

▼ひとつひとつの小さな行動を愚直に継続する

お客さまに媚びる必要はありませんし、理不尽なクレーマーには毅然とした対応をすることをお勧めします。

しかし、その他のお客さまに対して悪気なく誤解を与えていることが多いなら、誤解されない努力や工夫を早急にしてください。お客さまのため、企業や会社イメージのため、そして何よりもあなた自身のために。

それに、**接客の本質とは「あなたのことを大切に想っています」「感謝しています」「歓**

迎していますー「敬意をもっています」という想いを感じていただくことです。

そのためには、お客さまと視線を合わせること、原則として両手でモノを渡すこと、正対すること、前を横切るときやお客さまのそばに手を伸ばすときには、「失礼します」のひとことを付け加えることなどに留意しましょう。

ひとつひとつは簡単で小さな行動です。

しかし、それをいつも愚直に継続することは簡単ではありません。それらの積み重ねは、いつか必ずあなたの接客を磨く財産となります。自分を律して行動に心を添えて、小さなことからコツコツと。誠実な接客態度を身につけていきましょう。

ポイント04

誠実な接客態度を積み重ね、クレームを限りなくゼロにしよう。

05

お客さまからの問いかけにきちんと返事をしていますか？

──「はい！」の持つすごい効果

以前、あるお店でカードの切り替え手続きをしたときのことです。スタッフさんに、「貯まっているポイントも移行できますよね？」と確認をしました。するとこのような答えが返ってきました。

「今やりますので」

なんとも素っ気ない言い方ですよね……。

「できますよね？→できます」とか
「○○していいですか？→いいですよ」

というときにはまずは一言、冒頭に「はい！」があるととても感じがいいものです。

接客をしていると「ノー」と言わざるを得ない場面もあります。そのようなときには

「はい」と言うことはできません。だからこそ、お客さまの言ったことに対して「はい！」といえる場面では、積極的に使ってほしいのです。

「はい！」の一言があるだけで、

「あなたの会話をしっかりと受け止めていますよ」
「あなたに共感しています」
「あなたの話をちゃんと理解しています」
「あなたのご要望を喜んでお引き受けします」

というような気持ちを伝えることができます。

ただし、今回のケースは、たとえ冒頭に「はい」があったとしても「今やりますので」という言い方は聞き捨てなりません。

このような言い終わりは、そのあとに続くネガティブな言葉を想像させてしまうものです。「今やりますので（黙っててください？）」というような……（笑）。

まずは「はい！」の一言を

今回ならば、「はい！　ポイントも新しいカードに移行します」。

これだけでも充分ですが、もし、そのお客さまがポイントを熱心に貯めている様子が見えたなら「はい！　ご安心ください。ポイントも新しいカードに移行します。いつもご利用ありがとうございます」とお伝えできれば、お客さまも安心ですね。

▼返事で「はいはい」は、絶対にＮＧ

返事をすることの大切さは、幼少のころから誰もが親や先生から言われてきたはずです。ところが、残念なことに名前を呼ばれても返事をしない人も少なくないようです。

呼ばれてする返事、質問に対しての返事、どちらにしても**よい返事をする人は、誰からも好感をもたれます**。それは、自分の投げたボール（会話）を**「はい！」という気持ちの**をきちんと受け止めてもらえた安心感や共感してもらえたという気持ちを「はい！」という言葉によって感じることができるからです。

ぜひ、日頃から積極的に「はい！」という言葉を使ってみてください。

念のために付け加えておきますが、くれぐれも「はい」が適さない場面では「はい」だけで会話を終わらせることがないようにしてくださいね。「はい＝できる。やってもらえる」と受け取られ、かえって混乱することがあります。いらぬトラブルを引き起こさないためにも「はい。ただいま確認いたします」とお伝えした後に、正確なご案内をすること。

または、確認するまでもなくお引き受けできないことがわかっているならば、「申し訳ございません。あいにく……」というような言い方をしましょう。

最後に、老婆心ながら**「はいはい」は、接客では絶対にNG**ですので、ご注意ください。

ポイント05

気持ちのよい「はい！」は、お客さまに安心感をもたらすもの。
たった2文字の「はい！」で接客の質をあげよう！

06

「うん、うん」という相槌がクセになっていませんか？

——相槌には、敬意と誠実さが必要です

接客において大切なことはたくさんあります。その中でも重要度の高いもの、それは**「距離感」**です。

激怒するまでには至らずとも、お客さまが「イラッ」「モヤッ」とするときは、お客さまの望む距離感を間違えた対応をしたときです。

その要因のひとつになりかねないなと日頃から感じていることは、対面での接客時や電話応対時に耳にする「うん。うん、うん」という相槌（あいづち）です。数回のことならば、うっかりカジュアルな言葉が出てしまったのだろうとやり過ごせます。

しかし、習慣やクセになっている人ですと終始「うん、うん」という相槌で非常に耳障りです。以前、とても気になってしまったことがあり、思わず「うん!?」と聞き返してしまいました（笑）。

そのときの接客スタッフのキョトンとした反応でわかったことですが、ご本人は自身がそのような相槌を打っているということに気づいていないようでした。

また、たとえ本人が意図的に親しみやすさを醸し出すために「うん、うん」という相槌を打っていたとしても、お客さまはそれを「馴れ馴れしい」と感じるかもしれません。そのようなズレは、距離感を間違えた接客となってしまいます。

お客さまの中には近い距離での接客を好む方もいらっしゃいますが、**まずは基本に忠実にお客さまにはきちんとした敬語で対応することをおすすめします**。

少々硬い接客になったとしても、馴れ馴れしい印象を持たれるよりは「丁寧な印象」のほうが何倍もいいですよね。

もし、「はい。はい」という同じ言葉ばかりでの相槌では芸がないと感じるのであれば、バリエーションとして「かしこまりました」「承知しました」という言葉をバランスよくちりばめてみてはいかがでしょうか。

そして、会話が弾んできたようであれば、「おっしゃる通りです」や「さようでございましたか！」という受け答えを入れることや、相手の話したことを復唱するということも、さらに会話を弾ませるためのポイントになります。

もしも、チャレンジできるようであれば、自然な形でお客さまに復唱以外の「質問」をしてみるのもいいでしょう。

質問というのは、話に興味や関心があればこそできること。効果的な質問を入れることで生きた会話を楽しむことができます。気をつけてほしいことは「自然な形で」質問をすることです。決して「尋問」にならないようにしましょう（笑）。

▼相槌にも正しい敬語を用いる

また、自分の知らないことをお客さまが教えてくださったときは「勉強になります！」「貴重なお話をお聞かせいただきありがとうございました」というような感謝の言葉も伝えるようにします。

お客さまとの楽しい会話は、接客の醍醐味です。このような場面では乾いた声で「さようでございましたか」ではなく、生き生きとした表情と声でお客さまへの敬意と感謝をしっかりと表してください。

人間は自分に興味・関心を持たれることに喜びや幸せを感じる生き物です。

だからこそ、**「あなたのお話をちゃんと聞いていますよ」ということを伝えるための相槌は重要な役割を担っています。**

その相槌でカジュアルな印象や馴れ馴れしさを与えてしまっては、本末転倒です。

お客さまの言葉をしっかりと受け止めているという安心感を与え、敬意を感じていただくことのできる相槌には誠実さが必要です。距離感の難しい「うん、うん」ではなく、正しい敬語でお答えしてください。

ポイント06

カジュアルな印象を与える「うん、うん」は好みが大きく分かれるところ。正しい敬語とハツラツとした表情と声で誠実な相槌を心がけよう。

07

お客さまが言い終わらないうちに言葉をかぶせていませんか？

――お客さまからの言葉のボールをしっかり受け止めましょう

「人の話はちゃんと最後まで聞くこと」とよく言いますが、接客においてもそれは例外ではありません。むしろ、相手はお客さま。いつも以上に気をつけなければならないことです。

ところが、お客さまがまだ話し終わらないうちに言葉をかぶせてしまうという場面は、わりとよくあります。

この本をお読みのあなたは、まだ話の途中なのに接客スタッフから会話を切られた経験はありませんか？

また、もしかすると、あなた自身が接客側に立っているときに、無意識でそのようなことをしているかもしれませんね。恥ずかしながら、実は私もそのひとりでした。

これは、されてみるとよくわかるのですが、自分がしているときには本当に気づかないものです。以下に事例をあげて説明していきます。お客さまがまだ言い終わっていないのに言葉をかぶせてしまうというのは、似て非なる二種類の状況があります。

まず、常に「ああ、忙しい！」という気持ちがあり、「だいたいのお客さまはいつもこうだ」という思い込みをもっているためにお客さまの言葉を遮ってしまうというもの。

以前、とあるコーヒーショップでこのようなことがありました。

友人と一緒にそのお店に入りましたが、友人は足が不自由だったので彼女のオーダーを聞き、私ひとりがレジカウンターに並びました。私の順番がきて、

「アイスのソイラテと……」

と続けて友人の分も注文しようとしたときにスタッフから、

「〇〇円です」

と言葉を遮られてしまいました。

人間ですからミスも思い込みもあって当然のこと。

しかし、このようなときにすぐに「失礼しました」という言葉が出るかどうか、その

ような気持ちを持つことができるかどうか、というのはとても重要です。

ちなみに、このときのスタッフにはそのような態度は感じられませんでした。

接客の本質は、「モノを売る」「出す」「運ぶ」ではなく、**お客さまに対して「あなたを大切に想っています」というメッセージを伝えること**です。

このような形での言葉の遮りや反省のない態度は、決してしないでくださいね。


次にサービス精神旺盛なあまりに、お客さまの言葉を最後まで聞かない事例です。

「お客さまのご要望を叶えてあげたい！」

「喜んでさせていただきます！」

というような情熱が先走り、自分としては二つ返事で快諾したつもりが結果的に言葉を遮ってしまうものです。

このような場合は、接客スタッフの表情は笑顔ですし、前向きな気持ちが表れているため、お客さまを怒らせるほどのことではありませんが、スマートさに欠けてしまうということは否めません。

そして、恐ろしいのは、どちらの場合も「無意識」であるということです。

お客さまの言葉を最後までしっかり聞く

先輩や上司からの指摘、または研修などのビデオ撮りで自分の姿を見て気づくということでもない限り、やり続けてしまう可能性が大きいです。ご注意ください。

いずれの場合においても、**「お客さまのご要望を最後まで聞く」、これを忘れてはいけません。**

会話はキャッチボールとも言いますが、途中で言葉を遮る行為はボールを受け止める前に叩き返すようなものです。

相手が驚かないように、不快にならないように、丁寧なボールを投げ返すために、まずは相手からのボールをしっかりと受け止めましょう。

ポイント07

思い込みや情熱でお客さまの言葉を遮るのはNG。
相手からの会話のボールをしっかりと受け止める習慣をつけよう。

08

親しみやすさと馴れ馴れしさが紙一重の言葉や語尾を使っていませんか？

――誰に聞かれても恥ずかしくない言葉で話す習慣を身につける

「○○しちゃってください」「○○な感じになります」、そして、いかにも「いまどきの若い人」という印象を持たれやすい語尾上がり……。

あなた自身は、これらの語尾にどのような印象をもっていますか？

「○○しちゃってください」

このような表現は、お客さまとの心の距離が近いときにあえてユーモラスに使うこともあるかもしれません。そのほうが効果的な場合もゼロではないので、「絶対にNG！」と断言はできません。

しかし、**「○○しちゃってください」「○○な感じになります」を正しい敬語とばかりに連発しているスタッフさんも見かけます。それに関しては間違っていると断言します。**

親しみやすさを醸し出すために使っているのか、単なるクセなのか定かではありませんが、以前、友人と利用した雰囲気のよいレストランでこのようなことがありました。その店にいた若い男性スタッフは、少し幼い感じはするものの終始ニコニコしていて可愛らしい印象であり、第一印象は決して不快なものではありませんでした。

ところが、彼の使う言葉はところどころ「接客に相応しくないなあ」「このレストランのイメージとは異なるなあ」と感じるものがありました。

そうは言っても、「笑顔でいるだけいいじゃないか。せっかくの友人とのランチ、細かいことを気にするのはよそう……」と思い、聞き流そうとした矢先、彼は満面の笑みでこう言いました。

「お待たせしちゃう感じになります。でも、なるはやでお持ちします！」

驚いた私は、思わず「な・る・は・や・で？」とリピートしてしまいました（笑）。

接客において、お客さまに平気で「なるはや」と言ってしまうこと。そして、「なるはや？」と繰り返されても、それを「しまった！」と感じることもなくニコニコしている大物でした。彼に悪気はない。知らないだけ。教えてもらってないだけ……。と気を取り直そうとしました。

ところが！　このあとに料理を持ってきてくれた外国人スタッフは、

「オサラガアツイノデ、オキヲツケクダサイ」

という正しい敬語で接客をしていました。

さきほどの若い日本人スタッフよりも何倍も美しい日本語だと感じました。外国人スタッフがやっていることです。日本人スタッフが「できない」では済まされないですね。

「〇〇しちゃってください」「〇〇な感じになります」という言葉やカジュアルな印象を持たれやすい語尾上げ、仕事で使うと非常識だと思われる恐れのある「なるはや」のような言葉は、「使う場所、場面、相手」を選ぶ必要があります。

特に **「高級感」「非日常の空間」というものを提供している接客場面では、その価値に見合った言葉を使いましょう。**

もちろん、お客さまによっては気にも留めない方もいらっしゃるかもしれませんが、**美しい言葉を嫌う人はいません**。

まずは基本に忠実に。

誰に聞かれても恥ずかしくない言葉で話す習慣を身につけてください。カジュアルで幼い印象を持たれやすい表現は、極力なくしていきましょう。

ポイント08

誰に聞かれても恥ずかしくない美しい日本語を使おう。

09

お客さまからの質問に対して「たぶん○○だと思います」と言っていませんか？

——確かな情報をお伝えすることを優先しましょう

お客さまから何か質問をされたとき、

「たぶん大丈夫だと思います」

というような曖昧な返事をしていませんか？

先日、講演先でタクシーを利用しました。運転手さんに会場の住所を伝えると「たぶん、○○の近くだと思う」とのお返事……。

「行き先を間違っては困るので、地図で調べるか営業所に確認をしてから車を出してください」と伝えたケースがありました。

このような答え方は、確かな情報を求めているお客さまをモヤモヤとした不安な気持ちにさせてしまいます。心の中で、「『たぶん』では困るのよ……」と呟いているかもしれません。

正確な答えを求めているのにグレーな回答しか得られないのでは、何の解決にもなりませんよね。

このような回答の仕方は、例にもれず自分がしているときには気がつきにくいものです。また、本当にわからなくて曖昧に答えている場合と、100%に近い確信がありながらも口癖のように「たぶん」とつけてしまう人がいるようです。

しかし、お客さまには、その「たぶん」がどれくらいの確証をもって発せられているのか、はたまた、ただの口癖なのか量ることができません。

もし、あなたが「たぶん」と言ってしまう癖があるとお気づきになったなら、今ここで「たぶん」を卒業してください。

仮に、状況によってどうしても使う必要がある場合や話の内容から使用可能である場合でも、そこは「たぶん」ではなく「おそらく」という言葉に置き換えてください。

答えに自信が持てず「たぶん」ということで逃げ道を作っているのであれば、発想の転換をしてください。即答しなくてもいいのです。マニュアルなどを使って調べる、またば、自分よりも知識を蓄えている誰かに確認をすれば済むことです。

そして、**お客さまには「すぐに確認をいたします。少しお時間をいただけますでしょ**

うか？」と伝えてみてください。

そのときのお客さまの反応で、お客さまがどれくらいその答えを欲しているのかがわかるはずです。

「はい、お願いします」とのことであれば、時間がかかっても確実な返事を必要とされているのでしょう。

「あ、じゃあ、いいです！」とか「自分で調べてみます」というようなお返事だった場合には、「もし、すぐにわかることなら……と思って聞いてみただけ」「待つくらいなら自分でネットを使って調べればいいや」などとお考えのはずです。

▼「確約はいたしかねますが」と伝える

さきほど、「即答しなくてもいい」と述べましたが、正確には「あやふやな返事をするくらいなら、時間をかけてでも確かな情報をお伝えすることを優先してください」という意味です。**お客さまへのあやふやな案内が混乱の原因となり、大きなクレームになることもあります。**

「たぶん」と言った本人は「できない可能性もある」ということを含ませたつもり。ところが、「できる」ことを切望しているお客さまには「できる可能性が高い」という解釈となり、それがいつのまにか「あのスタッフができると言った」という思い込みになることがあります。

そのようなトラブルを防ぐためにも、約束できない可能性があるならば、それをハッキリと言葉にしてください。**「確約はいたしかねますが」**というようなフレーズを覚えておくと役立ちますよ。

ポイント09

曖昧な回答はお客さまをモヤッとさせる原因に。「正確な情報をお伝えする」、まずはこのことを念頭に置こう。

10

お待たせしないのに「少々お待ちください」と言っていませんか？

——「ただいまお持ちいたします」など前向きな言葉を使う

よく耳にする接客用語のひとつに「少々お待ちください」というものがあります。敬語としては間違いではありませんし、本当にお客さまをお待たせしてしまう場面では、この言葉はもっともふさわしいと思います。

しかし、決して待たせるような状況ではないにもかかわらず、いつも、「少々お待ちください」

店内にいるどのスタッフも皆口をそろえて、「少々お待ちください」「少々お待ちください……」。

たとえば、レストランで近くを通りかかったスタッフさんに、「すみません。デザートのメニューを見せていただけますか？」と声をかけたときのことです。すぐに手を伸ばせばデザートメニューがあり、実際に持ってきてくれるまでにほんの数秒でしたが、まず出てくる言葉は「少々お待ちください」なのです。

なんだか、もったいないような気がします。

接客という仕事を選んだ人の多くは、「お客さまに喜んでほしい」「お客さまの役に立ちたい！」というような気持ちを持っていると思います。そうであればこそ、**これを機にもっとその気持ちを表現できる接客用語に切り替えましょう。**

待たせることなくお持ちできるときは、ぜひ、

「ただいまお持ちいたします」「すぐにご用意いたします」

という前向きな言葉を使ってください。

このような言い方のほうが、「お客さまを待たせる前提」ではなく、「すぐにやります！」というプラスの気持ちを感じとっていただけます。

もし、少し時間を要するときには、「少々お待ちください」が適切ですが、少しではない時間お待ちいただくこともありますよね。

状況に合わせて言葉を使い分ける

そのようなときは、

「○○分ほどかかる見込みでございます。お時間をいただけますでしょうか？」

と具体的な時間を伝えることをお勧めします。


待ち時間の目安がわかると、お客さまは安心して待つことができます。これなら、

「まだかな？　まだかな？　いったい何分待たせるんだよ！（イライラ）」

「もしかして……忘れられている？（モヤモヤ）」

というような不快な感情が湧き出ることもかなり軽減されますよね。

このように、「状況に合わせた言葉」を使い分けることがポイントです。

▼「生きた接客」をしていますか？

決められた接客用語やマニュアルに載っているフレーズ、それを使うことは決して悪いことではありません。

しかし、マニュアルに記載された言葉だけですべてを網羅できるわけでもありません。

つまり、接客をしているあなたがお客さまを前にして感じること、お客さまの表情や様子から得られる情報、店内の環境などなど、たくさんの情報をすり合わせた結果、どう対応するのかが肝心なのです。

それが「生きた接客」、ロボットにはできない生身の人間にしかできない接客です。

考えることなく習慣的に多用している接客用語ですが、ときには立ち止まって、「その言葉がお客さまにはどのように響いているのかな？」という視点で振り返ることも大切です。

ポイント10

マニュアルに記載された接客用語に固執せず、状況に合わせて使い分けよう。

11

スタッフ間でのおしゃべり、お客さまに聞こえていませんか？

——話し方、話す内容、話す場所に配慮する

気心知れたスタッフ同士でいるときに、つい仕事中であるということを忘れて話が盛り上がってしまった、という経験はありませんか？

その様子を見ていたり、話の内容が聞こえてしまったお客さまは、いったいどのようにお感じになったでしょうか。

実は、恥ずかしながら、私にもそのような経験があります。

CAだった頃、フライトが終わった気の緩みも手伝って、空港からホテルに向かうタクシーの中で後部座席に一緒に座った同期と話が盛り上がってしまいました。「フライト後」ではありましたが、まだ制服を着用し、会社からの手配でCAとしてタクシーを利用しているならば、仕事中であるという自覚が必要でした。

また、いつでもお客さまになり得る可能性のある運転手さんもいらしたわけですから、にぎやかなおしゃべりは控えるべきでした。

幸いにも助手席に座っていた後輩が気を利かせ、私に「おしゃべり注意！」を促すメールをそっと送ってくれたことで「しまった！」と気づかせてもらうことができました。先輩としてとても情けない思い出ですが、その後輩の正しくも勇気ある行動に感謝した出来事でした。

このような経験がありますので、偉そうなことを言えないことは百も承知ですが、本書をお読みのあなたに同じ失敗をしてほしくありません。

ですので、もうひとつエピソードをご紹介させてください。

これは、ある施設での出来事でした。その会社は「接客」「ホスピタリティ」「サービス」という分野では常に名前があがる企業です。その施設内で若い女性スタッフ二人が談笑していたときに、たまたま近くを通りかかりました。すると、

「ウソでしょ!?　マジうける～～～～！」

という言葉が私の耳に飛び込んできました。

このような会話や言葉遣いが、電車内や女子高生でにぎわうファストフード店で聞こ

えてきたならば、気にも留めません。

しかし、そこはお客さまが「サービスやスタッフの接客に高い期待値をもって訪れる場所」でした。

「上質」「高級」「伝統」「非日常の空間」というコンセプトを打ち出しているならば、その企業イメージにそったスタッフの話し方、話す内容、話す場所というものにも配慮が必要ですよね。

▼休憩中のおしゃべりも要注意

また、崩れた日本語ではなくとも、たとえば、スタッフ間での注意や指導が必要な場面でもＴＰＯは考慮されるべきだと思います。

温かい指導やアドバイスならまだしも、きつい口調で怒られているスタッフを見るのは、利用する側から見ていても気持ちのよいものではありません。その場で伝える必要があるときは、慎重に言葉を選んでほしいと思います。

また、スタッフの休憩用として設けられているスペースでの会話にも気をつけてください。カーテンや簡易式のディバイダーで区切られているようなスペースで話す声は、本人が想像する以上に筒抜けです。お客さまの悪口を言っているという誤解を招きかねないような会話は絶対に避けましょう。

接客スタッフの役割は、お客さまに快適な空間でお過ごしいただくことです。まかり間違っても、スタッフ自身の言葉遣いや会話の内容でお客さまを不快にすることのないよう、肝に銘じておきましょう。

目指すべきは、スタッフ同士の会話がお客さまの目に微笑ましいものとして映り、良いチームワークを感じさせる安心感に繋げることです。そのために会話中の表情やしぐさ、声のトーンや言葉遣いというものを磨いていくことが大切です。

ポイント11

「自分たちの会話内容やその姿がどのように受け取られているのか」という視点を持とう。

12

アナタの投げた会話のボール、お客さまに歓迎されていますか？

——相手をよく見ながら言葉のキャッチボールを

接客の世界では、「お客さまとの会話を楽しみましょう」とよく言われます。

また、お客さまにひと声多くかけるということも推奨されています。

それはその通りであって、私もお客さまとの会話というものに重点を置いた接客を心掛けていましたし、現在、研修や講演でもそのようにお伝えしています。

ただし、**見落としてはならないことは、「お客さまが」会話を楽しんでくださっているかどうかです。** スタッフだけが楽しいのであれば、それは自己満足というもの……。

また、「ひと声多くかける」という行動も、ただ、闇雲に声を多くかけることが目的ではありません。何のためにやるのか？

それは、お客さまに「スタッフから大切にされていること」を感じていただくためです。目には見えない心遣いや気配りを「ひと声」というわかりやすい形で表現している

わけですから、その結果が得られないような言葉がけでは意味がありません。

会話は、キャッチボールにたとえられることが多いです。キャッチボールの相手は壁ではなく人間です。ですから、**相手にとってどのように感じるボールだったのかを知る必要があるのです**。自分が投げたボールを相手（お客さま）が気持ちよく受け止めてくださっているのか、または、なんとか受け止めてはいるものの無理をさせていないかどうか。はたまた、「今はキャッチボールをする気分ではない」という意思表示でスルー（無視）されているのか、たまたま聞こえなかっただけの無反応なのか……。

以上のどれに当てはまるのか、しっかりと見極めることが重要です。

そのような見極めの習慣は、やがて会話内容を工夫することや声をかけるタイミングを調整することを可能にし、磨かれた接客へと繋がっていきます。

もちろん、一気にそのような接客技術を身につけようと焦る必要はありません。はじめの一歩は、自分の発したひとこと、自分の取った行動に対して、お客さまがどのような反応を見せているのかを「しっかり見る」という習慣と思考を身につけることです。

同じ話の内容でも、若い世代のお客さまには大いに喜ばれ、一方で年配のお客さまは不快感をあらわにされて大きなクレームになった、という話を聞いたことがあります。おそらく本人には全く悪気などなく、むしろ、サービス精神にも似た気持ちだったのではないかと想像します。若い人に大ウケした＝他のお客さまも笑ってくれるだろう、そのような思い込みは危険であり、見当違いの悲しい結果になってしまうのです。

▼「相手をよく見る」という習慣を身につける

成長に失敗はつきものですが、本書をご覧のあなたには、取り返しのつかない失敗はしないで済むなら避けていただきたいです。

失敗を恐れて挑戦しない人は、いつまで経っても成長しません。かといって準備をすることもなく挑戦し、お客さまや職場の仲間に迷惑をかけてしまうようでは、結果的にはあなたの味方がいなくなってしまうのです。だからこそ、その準備として、前述した「相手をよく見る」という習慣づけをしておいてください。

「相手をよく見ること」「相手あってこそ」という視点。

それが身についていれば、お客さまが発しているサインに気づくことができ、会話による大きなクレームを未然に防ぐことができます。

また、お客さまの情報を収集しなければという気持ちから、一方的に質問ばかりを投げかけてしまうこともなくなります。

相手をよく見ながらのキャッチボールができていれば、その会話がお客さまにとって疎ましいものなのか、楽しいものであるのか気づけるようになっていきます。

お客さまの表情や仕草にそのサインがあります。

これを見極める力がつけば怖いものはありません。ひとつひとつの会話について、丁寧に相手の反応を見ていきましょう。

ポイント12

自分が投げた会話のボールをお客さまがどのように受け止めているのか見届けよう。投げっぱなしはNG！

13

専門用語やカタカナ言葉、お客さまはちゃんと理解されていますか？

――相手の表情、声のトーン、返事までの間から理解度を探る

お客さまに何かを説明するときや質問をするとき、わかりやすい言葉を使っていますか？

あなたが何気なく口にしている専門用語、お客さまはちゃんと理解されているでしょうか？

自分たちの職場や業界では日常的に使われている言葉でも、お客さまにとっては初めて聞く言葉であったり、耳慣れない言葉かもしれません。

そのようなときにハッキリと「それはどういう意味ですか？」と聞いてくださるお客さまなら問題が起きることはありません。

しかし、わからないままに「はい、はい」と聞いていたり、曖昧な理解でも質問をしないというお客さまもいらっしゃいます。

また、特にその分野の専門用語ではなくとも、最近ではカタカナ用語が世にあふれて

います。技術の進歩や情報過多の時代です。時代の速さについていくことが難しいお客さまにとっては、説明のために用いられている「その言葉自体の意味」がわからない、ということもあると聞きます。

そういう私も、とてもアナログな人間であるためにＩＴ関係、機械関係にはめっぽう弱く、ついていくのに必死です（笑）。自分だけの力では、説明に書かれている言葉の理解に努めるだけで疲弊してしまうため、説明のうまいスタッフさんや恥ずかしくなるような素人目線の質問にも親切に答えてくれるスタッフさんに出会うと、心底ホッとします。

いくら正しい内容の説明や案内をしていても、お客さまが理解していなければ、その説明は意味のないものになってしまいます。大切なことは「相手の理解度」を知ることです。では、どうやって相手の理解度を知ればいいのでしょうか？

▼疎外感、不快感の元になりかねない

その方法はいくつかありますが、まずは基本中の基本、相手の反応をよく見るという

ことです。これは接客においてすべての基本です。

何度も申し上げているように、もし、うっかり会話の中でお客さまに馴染みのない言葉を使ってしまったとしても、お客さまの表情、相槌の声のトーン、返事までの間などから理解度を量ることができます。

キョトンとした表情やポカーンとした表情ならば、おそらくご理解いただけていないはず。もっとわかりやすいものであれば、首を傾げているかもしれません。

相槌や返事の声が小さく自信がなさそうであるならば、確実には理解していないというサインです。

はじめからわかりやすい言葉で話すことが理想ではありますが、**つい専門用語を口にしてしまったとしてもお客さまの発しているサインをしっかりとキャッチできれば、フォローすることが可能**だということです。

私がいた航空業界にも専門用語はありましたし、JAL（日本航空）の身内のみで通用する言葉も存在しました。それらはとても便利であるため、つい口から出そうになるのです。

しかし、お客さまにとってのそれは、理解しづらいという側面だけでなく**「疎外感」**

「共通の言葉で話さない配慮のなさ」というような不快感にも似た感情を芽生えさせます。また、使う場面や言い方によっては業界用語というものは少々軽く薄っぺらな印象も与えてしまうかもしれません。

接客スタッフ側としては、毎日何人ものお客さまに同じ言葉やフレーズを使っているとしても、聞く側のお客さまにとっては初めての言葉やフレーズもあるでしょう。専門用語を使わない、また、わかりやすい言葉であったとしても「聞き取りやすいスピードや滑舌」を意識してみてください。接客で使っている言葉がお客さまにとってどのように響いているのか今一度振り返ってみてはいかがでしょうか。

ポイント13

フォーカスすべきは、正しい言葉で説明・案内をすることではなく、「お客さまがきちんと理解してくださっているかどうか」。お客さまの理解度に注目しよう。

14

店内に落ちているゴミ、見て見ぬフリをしていませんか？

――先輩・後輩の区別なく、気づいた人が率先して掃除する習慣を

あなたが勤めているお店や職場の床にゴミが落ちていたら、あなたは迷わずそれを拾って捨てていますか？

このような質問をされると、とても簡単なことを聞かれているように感じるかもしれません。ところが、意外にも床に落ちているゴミに気づかない、または気づいたとしても素通りをしているスタッフを見かけることがあります。

ここまで本書を読み進めてきたあなたなら、もう薄々おわかりであろうと期待しますが、**お客さまを招き入れる店内は、空間そのものが商品です**。そして、その空間を素晴らしいものに創り上げるのは接客スタッフの仕事です。

たとえば、床の上に放置されたゴミに限定することなく、飲食店であれば床が濡れて

いてもスタッフが誰も拭く気配を見せないというのも同じことです。ゴミも濡れた床も見た目からして気持ちのいいものではありません。

また、**その状態を平然と放置しているスタッフに対して、お客さまは違和感を持つものです。なぜならば、お客さまは歓迎されることを望んでいるからです。**自分たちが過ごすスペースが汚れているのを放置しているスタッフからは、感謝の気持ちも歓迎の気持ちも感じ取ることはできませんよね。

色々な店舗でスタッフの動きを見て思うことですが、どのスタッフもそれぞれに任された仕事は一生懸命にやっているのがわかります。一方で、その仕事をしているときは他のことが目に入らないのかなという印象を受けます。

レジを打っているスタッフは、レジのことだけに夢中、商品の補充をしているスタッフは商品のことだけに夢中、お客さまに商品の案内をしているスタッフはその案内にだけ夢中……、という感じで床に落ちているゴミを拾うことやそれ以外の仕事については自分の仕事ではないというような雰囲気があります。

お客さまには、スタッフがゴミに気づいていないのか、気づいているけれど拾わずにいるのか判断することはできません。**もし気づいているならば、そのような状態に無頓着にならずに率先してキレイな環境づくりをしてください。**

ＣＡだった頃は、客室や機内化粧室の清掃状況に常に関心を払うよう心がけていましたが、機内だけに留まらず空港内に落ちているゴミについても無頓着でいることがないようにという考えがありました。それは決して会社が定めたマニュアルではなかったと記憶していますが、お客さまがお使いになる空港もまたキレイな状態を維持できるよう努めたい、そのような想いから広がった習慣でした（念のため追記しますが、不審物と思われるものは闇雲に手を触れてはいけません。明らかに不審物や危険物ではないと思われる紙くずなどに限定される行為です）。

以上のような、お客さまの快適性向上が一番の理由ではありますが、**そもそもそこは、皆さん自身が働いている場所です**。私は、どの職業においても仕事をする場所というのは「ステージ」だというふうに考えています。自身が最高のパフォーマンスを発揮するためのステージを美しい状態で保つ、という視点をお持ちいただければと思います。

床に落ちているゴミを見つけたならば、それを見つけた人が先輩・後輩関係なく率先

率先してキレイな環境づくりをする

して掃除をする、それが当たり前である職場をスタッフみんなで創り上げてほしいと思います。

スタッフがゴミを素通りする姿、ましてや、跨いで歩く姿というものは非常に見苦しいものです。お客さまは、自分に対する接客だけでなくスタッフのそのような行動もよく見ています。ひとつの仕事に夢中になりやすい人ならば、視野を広げる努力をしてください。

また、これまでそのようなものが目についていながらも無頓着であった人ならば、「自分の仕事ではない。誰かがやればいい」という考えは捨てて、その「気づける力」を存分に発揮して職場を美しく保つことに尽力してください。

ポイント14

お客さまの快適性向上と自らの職場（ステージ）を美しく保つため清掃状況に関心を持とう。

15

レジで床に落とした商品を戸惑うことなく袋に入れていませんか？

――大切に扱うという意識に欠けた行動は、不快感を与えます

「接客」とひとことでまとめてもその仕事内容は色々とありますね。会計で金銭の授受だけをする職種もあれば、販売した商品の袋詰めをする仕事もあるでしょう。

もしあなたの仕事が、会計レジや袋詰めとは無縁だったとしても、今回は**「お客さまがお買い上げになった商品」**というものについて考える機会にしてください。

以前、このようなことがありました。コンビニエンスストアのレジでのことです。スタッフの男性が会計を済ませ、私の買った商品を袋に詰めようとしました。そのとき、彼は手をすべらせてしまい、商品のひとつであったパンを床に落としてしまいました。するとすぐさまそれを無言で拾い、戸惑うことなく袋に入れたのです。私の見ている目の前で全く躊躇することなく……（笑）。

「今、そのパン床に落としましたよね？」

と思わず言ってしまいました。

パンは袋に入ったものでしたので、直接中身が床に触れたわけではありません。しかし、そうは言っても食品です。そして、それは私がお金を払った商品です。


あなたがお客さまだったらどのように感じますか？

また、あなたがこのレジのスタッフならば、どうしましたか？


人間の感情とは複雑なもので、そのスタッフの男性が、

「失礼しました！　今新しいものをお持ちします！」

という対応をしていたならば、おそらく私は、

「そのままでいいですよ。袋に入っているので問題ないです」

という寛大な返事を即座にしていたでしょう。

ところが、床に落とした商品を迷うことなく袋に入れる場面を目の当たりにすると、心穏やかではいられませんでした。

どちらも床に落ちたパンに変わりありません。ところが、客側の心情にはこれだけの

お客さまの商品を大切に扱う

差が発生します。この違いが起きる原因はなんでしょうか？

私は、まだ食べることのできる食品を無駄にする気持ちはさらさらありませんでした。それに、きっと自分で落としたモノであれば迷わず「3秒ルール」を適用していたと思われます（笑）。

ただ、床に落ちた食べ物を「平気で誰かに渡す」という感覚は持ち合わせていませんでした。しかも相手はお客さま。

そして、その「モノ」はお客である私が買った商品です。大切に扱ってしかるべき……という前提が私の中でありました。

このような接客スタッフとお客側との「感覚」「常識」「前提」が異なると「モヤッ」「イラッ」の要因に繋がります。「期待値」という言い方にも置き換えられるかもしれませんが、咄嗟の出来事については、「期待値」よりも「感覚」によるものが大きいのではないかと考えます。

再三申し上げていることですが、お客さまは十人十色……。いえ、そのときの感情や体調、背景というものにも影響をうけますので十人百色と言えます。そのような中で、接客基準についてどこに照準を合わせるのか迷うことがあるかもしれません。

その判断基準となるものは商品やサービスの価格帯、会社や店舗が打ち出しているコンセプトもひとつの目安となります。ただし、高額ではない商品だとしても**お客さまがお金を払った商品はお客さまのもの**です。**大切に扱うという意識に欠けた行動は不快感を与えます。**それが衛生面にもかかわる食品だった場合には、なおさらかもしれません。

とにもかくにも、商品を落としたならば「失礼しました」の一言ぐらいはほしいものです。

すぐにお詫びできないスタッフが散見されるのは残念なことですが、だからこそ、当たり前のことを当たり前にできるスタッフがいい意味で際立つとも言えますね。

ポイント15

床に落ちたものを平気でお客さまに渡すのは絶対にNG！お客さまがお買い上げになった商品を「大切に扱う」という感覚を身につけよう。

16

あなたの小さすぎる声、届いていますか？

――「言ったつもりです」はNGです！

よく接客マナー研修や講演で申し上げることですが、もしあなたが、あるお客さまのことを「苦手だなぁ」「もう来てほしくないなぁ」と思っているとしましょう。

心の中にそのような気持ちがあり、それを隠し切れずにお客さまに伝わってしまったとすれば、もちろん褒められたことではないにせよ、まだ納得がいきますよね。

ところが、そのようなことを全く思っていないのに、声が小さすぎたために、

「あのスタッフは返事もしない（無視をした）」

「声が小さくてやる気を感じない」

「ボソボソと何を言っているのか聞き取れず、暗く見える……」

このような誤解や印象を与えてしまっているとしたら、これは本当にもったいないことですよね？

特に、返事に関して「無視された」という誤解を招くことは、極力避けなければいけません。**クレームになる主な原因は、「自分のことを無視した」「ないがしろにした」という感情に起因するものがほとんどだからです。**

知らないことやできないことで失敗をするならまだしも、「ただ声が小さい」「声が届いていない」ということだけで誤解を与えてしまうなんて、双方にとって不幸なこと。

これは声の大きさに限ったことではありませんが、接客をするなかで**「誤解を招かないための工夫や努力」、これこそがクレームの激減に直結する**といっても過言ではありません。

体育会の練習中のような大きな声を出す必要はありませんが、ハリのある明るい声で、お客さまの耳にしっかりと言葉を届けるという意識が大切です。

▼接客もコミュニケーションも受け取った相手が感じたことがすべて

また、お客さまだけではなく職場の上司、先輩や仲間たちから声が小さいという指摘を受けたことはないでしょうか？　直接的な言葉で、

「あなたの声は小さいよ」

と言われていないにしても、

「え？　今なんて言った？」

と聞き直されることや、耳に手を当てる仕草をされることが複数回あるならば、あなたの声が小さく聞き取れない可能性が高いです。

そのような指摘を受けたときは、

「私はちゃんと返事をしました」

「言いました」

ではなく、「自分の声が相手に届いていないことに気づかせてもらった」という前向きな解釈で指摘を受け止めてください。指摘や指導は、する人間のほうがエネルギーを使うものだからです。

お客さまからのクレームになる前に防げたことに対し、指摘してくれた人に感謝の気持ちを持ちたいですね。そのようなスタッフは職場内での人間関係も円滑で、周囲も味方してくれることが多くなります。指摘そのものは、されて悪いことではありません。ただ、その受け止め方によって、その後の成長スピードが変わってくるものです。

私も現役時代に、「そんなつもりは全くなかったのに……」というコミュニケーションのずれを経験しました。

自身の未熟さに歯がゆさを感じ、悔しい思いもしましたが、**接客もコミュニケーションも受け取った相手が感じたことがすべてです。**

相手のせいにしていても何も解決しません。

「どうすれば、お客さまにそのような勘違いや誤解を与えずに済むだろうか？」

このような発想をもち、改善点を考えた方が賢明です。発信の基盤となる声の大きさやトーンが接客として適切なものであるか、今一度振り返ってみてください。

ポイント16

**「返事をしたつもり……」ではクレームになる可能性も！
相手に届いてこそのコミュニケーション、
誤解を招く小さな声は改善しよう。**

第2章

さらに、ここを直せば好感度200%アップ!

【接客の応用編】

01

お客さまが小さなお子さまの場合は、どうしますか？

——できる限り目線の高さを合わせて声をかける

第1章の中でも、相手の「理解度」によって使う言葉を選択するということを述べました。この節では、相手の「年齢」によって接客スタイルを変えるということについて説明いたします。

「人によって態度を変える」というと、悪い意味で使われることが多いですよね。

しかし、それはその根っこにあるものが自己保身によるふるまいであったときのものです。私がお伝えしたい**「相手によって態度を変える」というのは、根っこにあるのはお客さまへの配慮や愛情**です。

それによって誰も不快になることがなく、幸せになる人が増えるのであれば、ぜひ積極的に相手によって接客スタイルを変えてみてください。

たとえば、小さなお子さまがお客さまの場合は、どうなるでしょうか？

先にも述べたように、子どもにもわかりやすい言葉での会話や説明も大切です。

そして、そのときの表情はいつもよりも親しみのある優しい笑顔を向けてあげてほしいと思います。

また、身長差のあるお子さまに対して、大人の接客スタッフが高い位置から何かを言うと威圧的に感じることもあるようです。ぜひ、**できる限り目線の高さを合わせて声をかける**ようにしてください。

接客の場面に限らず、子ども好きの人ならば言われずとも自然と腰をかがめたり、しゃがみこんだりして子どもと話している姿を目にすることがあります。そのような光景は、そのお子さまだけでなく、それを見ている周囲の人にとっても心癒される瞬間ですよね。

▼子どもにも敬語で話しかける

ただ、お子さまへの対応で気をつけてほしいことが、ひとつだけあります。

それは、子どもにもプライドがあるということです。私の失敗談を披露します。それは、CAだった頃に機内で出会ったひとり旅の男の子に対してでした。

「心細いのではないか？　楽しいフライトにしてあげたい！」

というおせっかいにも似たサービス精神が溢れてしまいました。それで、

「〇〇くん！　ジュース飲む？　何かわからないことはない？」

と声をかけたところ、

「いえ、ひとりで大丈夫です」

と大人顔負けの落ち着きを見せた冷静な返事をされました。彼に敬語を使わなかった自分を恥じました。

それ以来、私は相手がお子さまでも、まずは敬語で話しかけることにしました。そして、お子さまの様子を見て、「敬語続行がいいのか、少しくだけた表現のほうが安心感・親近感をもってくれそうなお子さまなのか」、それによってお子さま向けの接客でも対応を使い分けるということを覚えました。

また、そのときに保護者がいるならば、そのご様子も忘れずに見てくださいね。スタッフとのやりとりにおいて、お子さま自身はくだけた表現で接客されることを喜んでいるように見えても、その様子を歓迎しない保護者の方もおられます。

もちろん、多くの保護者の皆さまは、我が子がスタッフと仲良くしている様子をニコ

ニコして見守ってくださいますが、「子どもだからと言って敬語を使うこともなく、接客に手を抜いている」とモヤッとした気持ちになる方も、極まれにいらっしゃることもお忘れなく！

ポイント17

お子さまには、目線を合わせるなどの安心感ある対応を心掛けよう。ただし、過度な子ども扱いは禁物！大人同様に敬意をもって接しよう。

02

シニアのお客さまに、どのように対応していますか？

――目の前にいるお客さまが自分の親や祖父母だったらと考える

相手がお子さまであれ、ご年配の方であれ基本的に接客はすべて同じです。接客の本質は「あなたを大切に想っています」というメッセージを色々な方法を使って伝えることであり、**「相手に恥をかかせない配慮」もすべてにおいて共通**です。

しかし、お客さまのこだわりや接客態度で気をつけなければならないことは、年齢層によって若干の違いがあります。まず、そもそも接客においてお客さまの立場は上です。それは、お客さまの言いなりになれとか、媚びを売れというものとは異なります。「敬意をもって接する」という意味です。さらにその中でもシニア層のお客さまは、人生の先輩という側面をもっています。

「お客さまとして＋人生の先輩として」という気持ちで接してください。

また、お子さまにもプライドがあると申し上げましたが、当然のことながらご年配のお客さまにもプライドがあります。それは、**お子さまのプライド以上に繊細であったと感じます。**接客する側に悪気がなくても、プライドを傷つけていることはわりとあるものです。

たとえば、シニアになると小さな文字が見えにくかったり、耳が遠くなってしまったりというような体にまつわる不自由さが出てくることもあります。それに気づくこともなく、接客側の勝手なペースで「ここに書いてあります」「さきほど説明しました」と一方的な言い方をされるのは切ないものです。相手のペースやご事情にあわせた説明・対応を心掛けましょう。

▼一度、信頼関係を築くと心強い応援団になってくれる

また、若い人にとっては朝飯前の端末の取り扱いやタッチパネル操作も、苦手に感じているご年配の方は少なくありません。

ATMの前で戸惑っていらっしゃるシニアの方をお見かけすることがあります。親切

に説明してくれるスタッフだと他人の私もホッとしますが、時折、操作に慣れないシニアの方にスタッフが呆れたような表情をしていたり、イラついたきつい口調で説明をしている様子を見ると、心が痛み憤りを感じます。

思うように理解してもらえず、つい苛立つこともあるかもしれませんが、

「もし目の前にいるお客さまが、大切な自分の親や祖父母だったら、スタッフにどのような対応をしてもらいたいだろうか？」

このような視点を持つことができれば優しい気持ちになれると思います。ぜひ頭の片隅に入れておいてください。

誤解を恐れずに言いますと、シニアのお客さまの中には気難しい方がいらっしゃることも事実です。しかし、**一度、信頼関係を築くことができると、とても心強い応援団になってくれます**。

以前、機内で出会ったご年配の男性のお客さまがいらっしゃいました。当初は決まった乗務員にしか心を開いてくださいませんでした。乗務員呼び出しボタンに気づいた私が対応しても「君じゃない、田中くんを呼んでくれ」と悲しいことをおっしゃる方でし

た。しかし、めげずにお客さまのペースに合わせて徐々に距離を縮めていったところ、到着前にはこんな言葉をかけてくれました。

「僕はね、30年間ＪＡＬにしか乗ってない。うちの奥さんもだ。ずっと浮気なしでＪＡＬだよ」

当時、会社が厳しい状況にあったこともあり、その言葉に涙が出そうになったことを覚えています。一見、気難しいと思えたお客さまに温かい言葉をいただいたエピソードから、何かを感じ取っていただければ嬉しいです。

ポイント18

年配のお客さまには、「お客さまとしての敬意＋人生の先輩としての敬意」、さらに労りの気持ちをもって接客に臨もう。

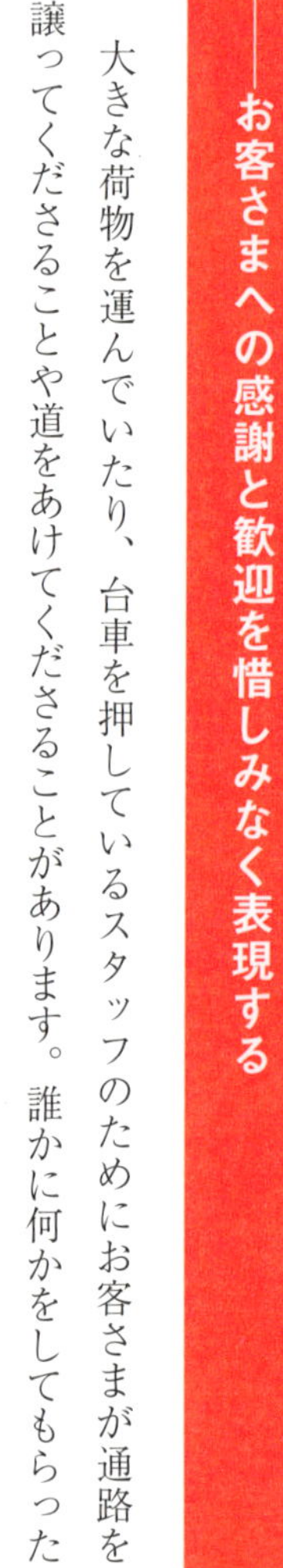

03

お客さまが通路を譲ってくれたとき、無言で通り過ぎていませんか？

——お客さまへの感謝と歓迎を惜しみなく表現する

大きな荷物を運んでいたり、台車を押しているスタッフのためにお客さまが通路を譲ってくださることや道をあけてくださることがあります。誰かに何かをしてもらったときに「ありがとう」という習慣が身についている人からすると信じがたいことかもしれませんが、残念なことにそのスペースを我が物顔で無言のまま通り過ぎていくスタッフを目にすることがあります。

お客さまとしては、お礼を言われるためにやったわけではないものの、**善意を無駄にされたようなガッカリした気持ちになったり、「ああ、その程度のスタッフか」という諦めにも似た感情**を持つでしょう。

相手がお客さまであるにもかかわらず、そのようなふるまいをしてしまうのはなぜでしょうか？　それには2つの理由があると思います。

お客さまの善意ある行為に感謝する

まずひとつ考えられることは、自分のことに精一杯であり、お客さまが通路を譲ってくださったことにすら気づいていないというケースです。気づいていないのですから感謝のしようがありません。このようなスタッフの改善点は、とにかく、

- **周囲をよく見る**
- **アンテナを張る**
- **背中にも目をつける**

これらを日頃から念頭に置いた行動をとることです。私も新人CA時代によく言われました。「お客さまをよく見て！」「背中にも目をつけて」と。背中にも目をつけてと言われてもなかなか難しいなあと感じたものですが、そのような「意識」をすることで背後の気配を感じ取ることができるようになりました。ぜひお試しください。

別のケースとして考えられることは、お客さまの善意に気づいてはいるけれど、「ありがとう」をいう習慣が備わっていないというものです。接客以前の問題ですね。

これは誰か（お客さま）の行為に対してリアクションがないということになり、コミュニケーション上でも問題があると考えられます。ましてや接客のスタッフであるならば、

- **お客さまに敬意を表すること**
- **あなたを大切にしていますというメッセージを伝えること**
- **お客さまへの感謝と歓迎を惜しみなく表現すること**

これらを率先して行うべきなのです。お客さまからの自発的な善意ある行為は、しっかりと受け止めて感謝しましょう。絶対に無視などしないでくださいね。そのような人に接客をする資格はありません。

▼快適な空間を創り出すのは、接客スタッフの役目

あなたのお店にお越しになったお客さまは「何かを買いにきている」「何かを食べにきている」「何かしらの施術を受けにきている」、これらのような目的があって来店して

いると思います。しかし、**その場所で過ごす時間や空間も商品の一部だという発想をもってください。そして、その快適な空間を創り出すのは紛れもなく接客スタッフの役目なのです。**

そのような感覚を身につけておけば、スタッフのほうが道を譲ることがスタンダードであり、状況に応じてお客さまが道を空けてくださったときには、ありがたい気持ちが自然と湧いてくるでしょう。ときにはお客さまの好意に甘えていいのです。

しかし、そのときにそのお客さまの優しさに気づき、しっかりと感謝の言葉と心を伝えられるかが大切です。素敵な笑顔で「ありがとうございます！」と伝えられるスタッフを目指してほしいと思います。

ポイント19

お客さまの善意に気づき、しっかりと感謝の言葉と心を伝えよう！

04

自分のミスではなくても「お詫びする」という発想はありますか？

——自分が代表として仲間のミスを謝罪するという姿勢を

ひとりだけで接客の仕事をしているならば、すべてのことを自分ひとりで把握することができます。過去にあったお客さまとのトラブルやミスというものも、自分の頭の中にしっかりとインプットできていることでしょう。

しかし、多くの店舗は何人かのチームで仕事をしていると思います。お客さまはご不満があったとき、**必ずしもそのスタッフ本人にその想いをぶつけるとは限りません**。もし、思いがけず自分以外のスタッフのミスについてお客さまからクレームを受けたとき、あなたは迷わずに「申し訳ございませんでした」と心からお詫びをすることができていますか？

接客マナー研修で実施するロールプレイにそのような事例を入れることがあります。もちろん、自分のミスではなくても真摯に謝罪をする受講者もたくさんいるのですが、「あー、そうだったんですね……」「そうでしたか……」を繰り返すのみで、待てど暮ら

せど謝罪の言葉が出てこない……、ということもあります。傍でその様子を見ている私は、心の中で「ひとごとですか?」と呟きたくなります（笑）。

これは新人スタッフに多い傾向というわけではありません。私事で恐縮ですが、以前スーパーで買った野菜を切ってみたところ、中の傷みが激しく使用できる状態ではなかったため、返金をしてもらえるか確認の電話をしたときのことです。**電話に出たのは店長でしたが、お詫びの言葉もなく終始ひとごとのような返事ばかりで埒があかなかったことがありました。**野菜は切ってみないとわからない場合もありますので、それについて店側を責めるつもりは毛頭ありませんでした。

とはいえ、わざわざスーパーに足を運び、お代を支払ったにもかかわらず、十分な商品ではなかったのですから、まずは謝罪の言葉を述べてから具体的な策を提示するのが適切であったと思います。

CAだったときにも、自分のミス以外でお叱りを受けることは珍しくありませんでした。別の乗務員の接客態度について、往路便での出来事について、または地上係員に関することについてなど、その内容は様々でした。そしてまた、きっと私の至らなかった部分を誰かが私の代わりにお客さまに謝罪してくれていたはずです。

▼ひとりひとりが会社の代表であるという意識を持つ

お客さまにとってみれば、「誰のミスか」という個人名には興味がないケースがほとんどです。どうしてそのようなミスが起きたのか説明を求められることもありますが、やはり、クレームはチーム（会社組織）に対してのものがメインです。

だからこそ、お客さまからお叱りやご不満の声を受けたスタッフは、**「これ以上大きな火とならないために最善を尽くす」という心意気がほしいところです。**

つまり、**まずは自分が代表として仲間のミスを謝罪すること、それがその第一歩。**まかりまちがっても、「それは私がやったのではないです」とか「ちょっとわかりません」というような言葉でお客さまの怒りに油を注ぐようなことは避けましょう。もしかすると、「そのミスが本当に仲間の過失かどうかわからないままにお詫びをしてもいいのだろうか？」という疑問があるかもしれませんね。事情も把握しないままに謝罪をしたことで、結果的に過失ではなかったものまで認めてしまうことになるのではないかという怖さがあると思います。

もちろん、謝罪は闇雲にするものではありません。事情がわからない場合には、その件について謝罪するのではなく、「ご不快な思いをさせてしまったこと」や「混乱を招いたこと」についての謝罪に留めてください。

ただし、「○○というスタッフの接客態度が悪かった」と言われてしまったならば、それはお客さまが感じたことがすべてです。厳しいようですが、接客とはそういうものであると思います。

身に覚えのないことでお叱りを受けるというのは、納得できないことかもしれません。しかし、チームで仕事をするうえではお互いさま。ひとりひとりが会社の代表であるという意識を持ち、小さな不満の芽を摘み取っていきましょう！

ポイント20

自分の過失ではないことでもお客さまの声は誠実に受け止めよう。その対応こそが火種を消せるか否かのわかれ道！

05

時間通りに来店しているお客さまの気持ちを理解していますか？

——お待たせしているお客さまの「モヤッ」「イラッ」を放置しない

お客さまによって時間に対する考え方や感覚は様々ですが、**ご自分が時間を厳守されるお客さまは、相手にもそれを求める傾向が強いです**。それだけ「時間」を貴重なものだと捉えていらっしゃるということでしょう。まさに「時は金なり」とはよく言ったものです。

予約が必要なネイルサロンやヘアサロン、特に医療関係施設などは予約時間通りにくることを待合室のポスターなどで促していますよね。

中には、遅れてきた場合には診察できないことがあるというような厳しい文言を掲げているところもあります。おそらく、予約時間を過ぎても遅刻の連絡もしてこない患者さんや、大幅に遅れてきたにもかかわらず無理難題をいう人もいるのではないかと想像します。苦肉の策として、そのようなことを掲示せざるを得ない背景が見て取れます。

そのような困った方たちがいる中で、予約時間通りにお越しいただける患者さんやお

客さまという存在はとてもありがたいものですね。

だとすれば、**このように時間を守ることにご協力をいただだいているお客さまの気持ちをもっと大切にしてみませんか？**

時間を守ることが当たり前だという人からすれば当然のことですが、目的地に時間通りに到着するとなると、そこまでにかかる時間を計算したり乗り継ぎを調べたり、また、それまでにやり終えることを順序立てるなど、色々な段取りを済ませてそこにいらっしゃるわけです。

それなのに、予約時間を過ぎても誰からも何のアプローチもされない……。そうなると「モヤッ」「イラッ」とした気持ちが湧いてくるのも自然なことだと思います。

すべてのお客さまが時間を守ってくださるとは限りませんし、前後のお客さまの施術内容や患者さんの診察内容によって想定外に時間がかかることもあると思います。皆さまをお待たせしない工夫ももちろん必要ですが、次にお待ちの方を待たせてしまう状況が起きるのは致し方ない部分もあるでしょう。

大切なことは、**お待たせしているお客さまの「モヤッと」「イラッと」に気づくことです。気づいたならば、お客さまのその気持ちを放置しないでください。**

時間通りに始まらないということ自体も、当然そのような気持ちを引き起こす要因にはなりますが、そのようなモヤモヤした気持ちでいるときに、

「お待たせして申し訳ございません」
「あと何分ほどでご案内できます」
「準備が整い次第、すぐにご案内いたします」

というようなスタッフからのひとことがあるだけで、気持ちはかなり緩和されます。

万が一、このような言葉をかけたことをきっかけにお客さまから「いったいどうなっているんだ？　こっちは時間通りにきているのに！」というお叱りを受けたとしても、それは仕方ありません。

なぜならば、お客さまのおっしゃる通りだからです。それに、そのようなお気持ちを

吐露してくださったことは、結果的には悪いことではないのです。もっと遅いタイミングで声をかけていたならば、事態はさらに深刻だったはずですからね。

お客さまが時間通りにきてくださることは、決して当たり前ではありません。それゆえに、ルールを守ってくださるお客さまに**「自分はスタッフから放置されている」というさみしい想いをさせてはいけないのです**。

スタッフからの心遣い、気遣い、声かけというものは、そのような感情を払拭する力があります。ひとつひとつは小さな行動です。されど、そのような誠実な対応がいかに大切なことであるか、本書をお読みのあなたにはぜひご理解いただきたい。そのように心から思います。

ポイント21

時間通りにお越しくださったお客さまの「イラッ」「モヤッ」に気づき、声をかけることで感謝とお詫びの心を伝えよう。

06

お客さまの「すみません」という謝罪をスルーしていませんか？

――感謝の気持ちを言葉と笑顔にのせてお客さまに伝える

接客という仕事をしていると、実に様々なお客さまとの出会いがあります。自分が得意とするお客さまばかりを担当するとは限りません。ときには気難しいお客さまや、理不尽な要求をなさるお客さまもいらっしゃいました。

そのような中で、マナーやルールを守ってご利用いただけるお客さまや、接客側からの協力依頼に快く応じてくださるお客さまは本当にありがたい存在です。

さらには、「ありがとう」と言ってくださる方や、目下にあたる接客スタッフに対しても心遣いを見せてくださるお客さまには、どれほど励まされ、勇気づけられたかわかりません。

ここで、お客さまが見せてくださる心遣いにフォーカスしてみたいと思います。

あなたがお客さまになったとき、このような経験をしたことはないでしょうか？

レジで会計をする際に「小銭が不足しています」という貼り紙に気づきました。なるべく釣り銭の出ないようにと思ってはみたものの財布には一万円札しかなく、

「すみません、一万円しかなくて……」

などと言いながらスタッフに一万円札を差し出したこと。

または、近い距離だけれどもタクシーを利用したいとき、運転手さんに、

「○○までお願いします。近くてすみません……」

と申し訳ない気持ちで行き先を伝えたことなどなど。

このような言葉が出るときは、「協力できなくてごめんなさいね」「期待はずれだったら申し訳ないです」という相手への心遣いがあるときです。

では、今度は逆の質問です。お客さまからこのような心遣いある「すみません」という言葉を聞いたとき、あなたはどのような反応をしますか？

お客さまには全く非がありません。けれども、「すみません」と謝罪されているのです。

決してスルーなどしないでくださいね。

「勝手なお願いをしてこちらこそ失礼いたしました。ご利用ありがとうございます」
「いえいえ、お心遣いをいただきありがとうございます」
このような感謝の気持ちを言葉と笑顔にのせてお客さまにぜひ伝えてください。

このような「すみません」を発するお客さまは、決してスタッフから感謝されたいという考えがあって心遣いを見せているわけではありません。しかし、客の立場である自分の好意や気遣いがスタッフに届かないというのはさみしく感じるものです。

それに、非のないお客さまが謝っているのにスタッフがそれを見過ごしているというのは、冷静に見てもおかしな話です。

これまで、お客さまの「すみません」の受け止め方が甘かったかもしれない……とお感じになりましたら、これを機に「お客さまの心遣い」をしっかりとキャッチできるよう努めてください。

冒頭で述べたように、お客さまは様々です。

いずれのお客さまも分け隔てなく大切にすること、それは接客のプロとして言うまでもないことですが、接客をする立場の気持ちを汲み取ってくださるような心優しいお客さまの存在には、さらなる感謝をするべきだと思います。

なぜならば、このようなお客さまは自分たちの味方になってくれるありがたい存在だからです。**それは、接客という仕事をする上で「かけがえのないエネルギーを与えてくださる方々」なのです。**

心優しいお客さまに感謝し、その想いをしっかりと受け止めましょう。お客さまのせっかくの気持ちをないがしろにすることで、お客さまの気持ちは萎えてしまいます。そんなもったいないことがあってはなりません。自分たちの仕事を理解してくださることに感謝、ご利用いただけることに感謝。このような気持ちを常に持ち続けられるスタッフこそが、お客さまに愛されファンを増やしていくのです。

ポイント22

お客さまの「すみません」は温かい心遣いによるもの。ありがたいお客さまであることを理解し、常に感謝の心を忘れずに!

07

マナーの悪いお客さまを野放しにしていませんか？

──快適空間の維持、秩序のコントロールも接客スタッフの仕事

ホテルの一室でお過ごしであったり、貸し切りのレストランにいらっしゃるお客さまであれば、ほかのお客さまと顔を合わせることはほとんどありません。

そのため、公共の場所における価値観や常識の相違に基づくトラブルが発生することは少ないです。

ところが、公共交通機関や貸し切りではない店舗ではそうはいきません。

身内以外の人間とスペースを共有するときに起きがちな「隣の人の声がうるさくて不愉快」「公共の場所での傍若無人なふるまいが目に余る！」というようなご不満がお客さまの心の中に沸々とわいていることがあります。

多種多様な価値観を持つ人間が同じ空間に滞在するのですから、むしろそれは自然なことと言えるのかも知れません。

そのような状況のとき、**お客さまはスタッフに対し「快適性や秩序の維持」を求めま**

す。

ところが、そこにスタッフがいるにもかかわらず、

・目に余るほどに行儀の悪いお客さま
・大声で騒いでいる団体さま
・マナーやルールを守らないお客さま

これらのような人々に何のアプローチもしないということは、マナーを守ってご利用になっているお客さまをモヤモヤとさせます。

ただでさえ我慢をしている状態であるのに、マナーの悪いお客さまに気づかないスタッフ、または、気づいていても解決に努めないスタッフに失望するのです。そして、そのご不満の矛先はマナーの悪いお客さまから「その状態を放置しているスタッフ」へと変わり、快適な環境を維持することを怠ったスタッフへのクレームという形であらわれるのです。

もしかすると、本書をお読みの方の中には、

快適な空間を維持することも仕事のうち

「他の人のふるまいに対して何か不満があるならば、スタッフに頼らずお客さまご自身がその人に言えばいいのではないか?」

と思う人もいるかもしれません。

たしかにそれも一理ある考え方だと思います。その方法で円満解決が約束されているならば、私もそれに賛成です。

接客スタッフの仕事とはいえ、お客さまに注意やご協力依頼をするというのは簡単なことではありませんからね……。

▼不満を抱えつつ我慢をしているお客さまの心の声に気づく

しかし、私はやはり接客のプロとして、早い段階でスタッフが何かしらのアクションをとるべきだと考えます。

さきほども述べたように、**快適な空間の維持、秩序のコントロールということも接客スタッフの仕事です。**

また、このようなことをお客さま同士で解決するのは非常に難しく、かえって事態が深刻になることがあるからです。中立的な立場であるスタッフが間に入ることで、お客さま同士の摩擦を起こさないということも理由のひとつです。

そしてもっとも大切なことは、**不満を抱えつつ我慢をしているお客さまの心の声にいち早く気づくということです。**

そのようなお客さまは、その想いをしぐさや表情で訴えています。そのサインを見逃さず、「スタッフはあなたの想いに気づいています」「今、解決に努めます」ということが伝わるような声をかけてください。

そして、目に余るふるまいをしているお客さまへのアプローチも頭ごなしはNGです。命令ではなくあくまでも「協力依頼」であることを忘れずに……。

ポイント23

マナーの悪いお客さまに対しては、解決に向けたアクションをとろう。快適な空間の維持、秩序のコントロールも接客スタッフの仕事であると心得よう。

08

あなたの担当のお客さま以外も「お客さま」だと肝に銘じていますか？

――「すべてのお客さまは自分のお客さま」という意識を

ヘアサロンやネイルサロン、マッサージ店など担当者が決まっている形態の店舗で、次のような光景を目にしたことはありませんか？

スタッフが、担当するお客さまには素敵な笑顔で挨拶をして愛想よく迎え入れるのですが、担当以外のお客さまへは会釈もなければそちらを見ることさえしない……。

もちろんのこと、施術をしているときは手元から長時間目を離すことは難しいでしょう。とはいえ、すぐ近くを通りかかったお客さまやイスに座って順番を待っているお客さまに対して、そのお客さまが存在していないかのような態度に見えることがあります。

ほとんどのスタッフは、

「お客さまをキレイにしてあげたい！」

「お客さまの喜ぶ顔が見たい！」

「お客さまを癒してあげたい」

という志のもと、その職に就いているはずですので、決してお客さまに関心がないわけではないのでしょう。

ですが、**「そのように見えてしまうという事実」は早急に改善の必要があります。**

本人にそのつもりはなくとも、**接客はお客さまが感じたことがすべてです。**誤解を与えてしまう原因を知り、歓迎・感謝の気持ちが正しく伝わるような接客対応を実践していきましょう。

それは決して難しいことではありません。ほんの些細なことでこのような誤解を解決することが可能です。

まずは意識の改善からです。店の中にいるお客さまは、担当か否かに関係なく「お客さま」であることに変わりありません。担当のお客さましか大切にしないと受け止められないよう、「すべてのお客さまは自分のお客さま」という意識の定着を図ってください。

▼いつも変わらない笑顔、感じのよい挨拶を徹底する

次に行動における改善です。

あなたがお客さまの立場でどこかのお店に入ったとき「歓迎されている」「感じがいいなあ」と心地よく思ったときと、「なんだか感じが悪いな」と思ったときの違いはどこにありましたか？

その差は、ほんの些細なことだったのではないでしょうか。

笑顔であったり、作業の手を止めて向けてくれる優しい視線であったり、さわやかな挨拶ではなかったですか？

当然のこと、絶対に手元から目を離してはいけないときにまで、このようなことをするべきだとは言いません。

ですが、可能な限りこれらを徹底し続けてほしいと思います。この積み重ねこそが、お客さまがすべてのスタッフから歓迎されていると安心されることなのです。

考えてもみてください。そのお店を利用しているにもかかわらず、担当以外のスタッフはニコリともしない、挨拶もしない……。そのほうが不自然であるとさえ思えてきませんか？

担当以外のお客さまを大切にして悪いことなど何ひとつありません。

むしろ担当以外のスタッフからも大切に扱われることは、その店への信頼に繋がります。

大げさな歓迎セレモニーなど必要ないのです。

どのスタッフからも向けられるいつも変わらない笑顔や感じのよい挨拶、このようなことの徹底こそが、揺るぎない安心感と信頼感を与える秘訣です。

ポイント24

担当ではないお客さまも「大切なお客さまである」という意識を持ち、いつも変わらない笑顔、挨拶、アイコンタクトを心がけよう。

09

人に見られたくない商品を買ったときの「色つき袋」の意味とは？

――買ってくださったお客さまに対して、最大限の配慮を

コンビニエンスストアや薬局等で人に見られたくない商品を買うと、紙袋や黒いレジ袋に入れてくれるお店が多くなりましたね。

レジでのこのような対応が広がりを見せたのは、**お客さまが「恥ずかしい」と思う気持ちへの配慮**からであることは間違いないでしょう。

人によっては「全く気にならない。透けてもいいのでそのままレジ袋へ入れて」という人もいると思いますが、私は、レジにいるスタッフが男性というだけでも少しソワソワしてしまいます。

「お客さまの『恥ずかしい』を緩和する」という心遣いから生まれた発想は、とても素晴らしいものだと思います。

しかしながら、「なぜひと手間かけて、色つき袋にわざわざ商品を分けて入れるの

か？」という**「なぜ？」の部分が抜け落ちたまま、ただマニュアル通りにそれらの商品を色つき袋に入れているスタッフと遭遇することがあります。**

以前、利用したドラッグストアでは、レジを担当していたのは女性スタッフでした。同じ女性として、そのような気持ちを言わずとも理解してくれていると期待しましたが、それは見事に裏切られました。

バーコードを読ませた商品をレジカウンターの上に並べるまでは仕方ないと思いましたが、そこには「他の人に見られたくない」と感じる商品もあったのです。何を買ったか一目瞭然という置き方です（笑）。

早く袋に入れてほしいという気持ちで彼女の対応を見つめていましたが、一番に色つき袋に入れてほしい商品は後回しにされ、ずっとレジカウンター上に陳列状態なのです。「早く、早く……」と心の中で唱える私の気持ちとは裏腹に、彼女はその商品を放置したままレジから離れ、なんとバックヤードに入っていきました！

レジ周りに常備してある色のついた袋を切らしていたようで、取りに行っていたのです。その時間がとても長く感じられたことは言うまでもありません。

せっかく「お客さまへの配慮、心遣い」という親切な想いから始まったサービスが、その本質が置き去りにされている残念な事例のご紹介でした。

▼サービスの本質を理解して接客する

これは、プラスアルファのサービスとしてお店側が取り組んでいることですので、クレームをするのはお門違いだと思います。

とはいえ、どうせやるならば**その意味や本質を理解して行わないと狙った効果は得られません。**良かれと思って始まったことがお客さまにとってモヤッとする要因になるのはもったいないことですよね。

ご参考までに、もし私だったらどうしたかという視点を述べたいと思います。個人的には小さな紙袋に入れてもらい、それを他の商品とまとめて白い袋に入れてもらえると一番落ち着くため、私もその方法を選ぶと思います。

その際にも可能であれば紙の袋が一番外側にならないようにすると思います。これは、他の人から見えないようにするという狙いもありますが、それ以上に買ってくださったお客さまに対して、最大限の配慮を感じていただきたいという想いからです。

絶対に選ばないやり方としては、黒のビニール袋やギラギラと光るシルバーの袋にそれをそのまま入れて持ち帰らせる方法です。あれは、中身こそ見えないですが、

「私、人に見せたくないもの買いました！」

と宣伝して歩いているようでかえって落ち着きません。ギラギラ袋に入れられた日には、「すみません。白い袋でお願いします」とお願いしている今日この頃です（笑）。

「なぜこれをするのか？」「お客さまにどのような心遣いをしたいのか」

その本質を踏まえて接客をする習慣を身につけていきましょう。

ポイント25

「その対応の目的は何か？」と考える習慣を身につけ、目的にそった配慮を忘れずにいよう。

10

レジが長蛇の列なのに、常連さんと長話をしていませんか？

――「察知力」「気づく力」こそが接客の要

接客の楽しさのひとつにお客さまとの会話があると思います。それゆえに、会話を苦手とする人よりも会話が好きだという人は、接客に向いているといっても過言ではないでしょう。

ましてや、その会話によってお客さまが楽しんでくださっているのであれば、それは本当に素晴らしいことです。

接客を仕事にしていても、中には接客の基本である笑顔を忘れ仏頂面で返事もしないスタッフもいます。ですから、お客さまを笑顔にすることのできる接客スタッフは魅力的な存在です。

そのようなスタッフは、すでに優れた接客マインドと会話のスキルを持っていると思います。そこでお勧めしたいのが、**「さらにもう一歩上の視点で物事を見る」**ということです。

私は、よく講演や研修で「外見力」「察知力」「会話力」という3つの力についてお伝えします。

どれも大切なことですが、中でも「察知力」はきわめて重要なものだと考えています。

それゆえに、会話が得意だというスタッフにさらに磨いて欲しいのが、この「察知力」なのです。これを磨くことで別の角度からの視点が増え気づく力が養われていきます。

「察知力」を別の言葉で言い換えるならば、「想像力」「気づく力」がふさわしいかと思いますが、これこそが接客の要です。

例をあげるならば、お話の相手であるお客さまご本人は、スタッフとの会話をとても楽しんでいらっしゃるとしましょう。その他大勢として扱われることなく、「個」としての対応を受けることは、顧客満足度を上げるものですからね。

しかし、もう一歩踏み込んでその様子を周りで見ているお客さまの気持ちにも寄り添って欲しいのです。

その様子を全く気にも留めていない人もいれば、「なぜあの人だけ特別扱いされているのだろう？」と小さな不満を抱えている人もいるかもしれません。

また具体的な事例で申しますと、レジが混んでいるにもかかわらず常連のお客さまと話が弾んでいるスタッフを見ると、はたで見ていてハラハラいたします（笑）。

なぜなら、並んでいるお客さまの、

「混んでいるのになぜ長話をしているのか？」

「早くしてくれよ！」

「自分たちだけ楽しんで、他のお客のことはないがしろ？」

という苛立ちが聞こえてくるからです。

▼「お待たせして申し訳ありません」と一言お詫びする

私も新人だったころにお客さまとの話に夢中になり、インターフォンの音に気づかずに先輩から注意を受けたこともあります。話が弾むと周りが見えなくなりやすく、いつもは拾える音にも気づかなくなるのですよね……。

しかし、接客の醍醐味でもある「お客さまとの会話」を台無しにすることがないように、**その様子を周りがどのように感じているのか、また、それに夢中になって忘れてい**

ることはないか？　というような「気づく力」を意識して欲しいと思います。

ときには、「お客さまとの話を切るタイミングがうまく掴めない」ということもあると想像します。接客1年生の場合には、そのようなことがあって当然です。

安心してほしいのは、並んでいるお客さまのことを気にしながら接客をしている姿と、全く頭にない接客の姿勢は見ている人からはよくわかるものです。

先に育てるのは話を切るためのスキルではなく、「お待たせして申し訳ない」という素直な接客マインドです。そのようなときは、きちんと言葉で謝罪の言葉を添えましょう。そのひとことがあるとないとでは、雲泥の差ですからね。

ポイント26

目の前のお客さまを大切にすることに加え、周囲のお客さまの感情にも敏感になろう。

11

お客さまからのお褒めの言葉、しっかりと受け止めていますか？

——「嬉しい！」という素直な気持ちを表情や言葉にのせる

日本人の特長としてよく挙げられることに「奥ゆかしさ」や「謙虚」というものがあります。

もちろん、接客においてもこのようなことは非常に大切です。距離感を間違えた馴れ馴れしい対応や、でしゃばった接客はお客さまにとっては不愉快でしかありません。

ところが、その考え方が影響しているのか、お客さまがせっかく褒めてくださっているにもかかわらず、その言葉や気持ちを上手に受け取ることができない人が多い気がしてなりません。

受け取り下手である理由が、謙遜や褒められたことによる照れならまだしも、中にはお客さまが好意をもって温かい言葉をかけてくださっていることにも気づかず、生半可な返事しかしないスタッフもいて残念に思います。

スタッフを褒めてくださるお客さまは、どのような気持ちでその言葉を伝えているのでしょうか？

私はこのように想像します。

わざわざ言葉にして、そのような気持ちを伝えてくれるお客さまは「感謝」「好意」「応援」「さらなる活躍への期待」、このようなメッセージを送ってくれているのだと思います。

それなのに、

「いえいえ。私など……」

と否定することは、お客さまにとっては少しさみしいことかもしれません。

また、論外ではありますが、せっかくのお気持ちを台無しにするようなトンチンカンな反応や曖昧な相槌は、お客さまの気持ちを萎えさせるものです。

「せっかく褒めたのに馬鹿馬鹿しい……。もう二度と言わない！」

と心を閉ざされることのないように気をつけてください。

ただ誤解しないでいただきたいのは、「見せるためのパフォーマンスとして大袈裟に喜べ」といいたいのではありません。お客さまの気持ちをありがたくしっかりと受け止めましょうといっているのです。それがお客さまに伝わればいいだけのことであって、演技などをする必要はありません。

▼お客さまと共に幸せな時間を味わってみる

必要なことは正しくコミュニケーションをとるということです。

それはこれまでにも書いてきたことですが、「しっかりと受け止めた」「褒められて嬉しい」と自分だけが思っていても、その事実がお客さまに伝わらなければ気持ちにズレが起きてしまいます。

素直に「嬉しい！」「そのような言葉を聞けて幸せ！」「これからもがんばろう！」、そのような気持ちを表情や言葉にのせることのできるスタッフは、きっとまたお客さまからお褒めの言葉をもらえる人になっていくと思います。

その理由は、反応のない人間を相手にするよりも、自分の言葉や行動に反応したり共感したり、幸せを感じてくれる人間とコミュニケーションをとるほうが楽しいからです。

だからこそ、お客さまからの褒詞（ほめことば）をしっかり受け止め、お客さまと共に幸せな時間を味わってほしいと思うのです。

わざわざ感謝の言葉やお褒めの言葉を伝えてくださったお客さまに、より一層の感謝を込めて、**その言葉を胸に「おごり」ではなく「誇り」をもって精進していくこと。**それこそが、温かい言葉をかけてくださったお客さまへの最大の恩返しだと思います。

日々、自問自答し謙虚に改善を重ねることは大切ですが、褒められたことは事実。それを自信と勇気に変え、さらに素敵な接客スタッフになるための糧にしてください。

ポイント27

お客さまからの「感謝」「好意」「応援」の気持ちを否定せず、受け取り上手になろう！

第3章

ここまでできれば、あなたのファンがもっと増える！

【接客の上級編】

01

目の前にいるお客さまから逃げずに、しっかり向き合っていますか？

――トラブルが発生したときほど、泥臭くお客さまと向き合う

接客に限ったことではありませんが、仕事をしていると「誰かに代わってほしい……」と思うような窮地に立たされることがあります。

特に、接客の世界はお客さまとスタッフとの立ち位置が明確です。お客さまから厳しいことを言われたり、ときには非がないにもかかわらず怒鳴られることだって起こります。

難しいお客さまへの対応は、心身ともに疲弊するものですし、お怒りのお客さまには怖さを感じることもあるでしょう。そのようなことは百も承知ですが、どうか諦めずに逃げ出さずにお客さまと向き合ってほしいと思います。

それが、すべての解決に繋がるなどとは言いません。

しかし、声を荒らげて怒っているお客さまや難しいことをおっしゃるお客さまにも**「そこには必ず何か理由がある」**のです。

そのような気持ちで向き合うことで、徐々にそのお客さまが心を開いてくださるシーンを何度も経験してきました（お酒に酔っているお客さまは別ですよ）。

解決にいたるまでには胃がキューッと痛くなることや、自分の不甲斐なさに情けなくなることもありましたが、「どうにかして解決したい」「お客さまとわかり合いたい」「飛行機を降りるときには笑顔になっていてほしい」、このような気持ちが原動力になっていました。

手前味噌な話で恐縮ですが、搭乗されるや否や大声で怒鳴り散らし、JALを罵倒し地上係員まで呼び出すことになったお客さまを担当したことがあります。「誰か担当を代わってほしい」と思う気持ちがなかったといえば嘘になります（笑）。

ですが、**担当になったからには精一杯心を尽くすしかありません。**フライト中は他の乗務員と連携を取りながら細心の注意を払い、かつ、他のお客さまの前で怒鳴ってしまった気恥ずかしさを感じさせることのないように親しみを込めて接することを到着まで念頭に置きました。

最終的にそのお客さまは、**降機の際に深々と頭をさげてお礼を述べてくださいました。怒りに体を震わせていたお客さまが、穏やかな表情で降りていかれる光景を見て、本当によかったと安堵した**ことを鮮明に覚えています。

このような瞬間を迎えるたびに、お客さまから逃げずに向き合ってよかったと幸せな気持ちになりました。

すべての事例がこれにあてはまるわけではありませんが、**接客のおもしろさは表面的なことではなく、このような難しいケースを解決する中にある**のかもしれませんね。

私は特に英語が得意なわけでもなく、ワインソムリエの資格を持っているでもなく、華道や茶道などの和の文化に詳しいわけでもありません。背の高さもお客さまから見たら、

「君みたいな小さな人でもCAになれるんだね」

といわれたことがあるくらいです（笑）。

私の強みは、「お客さまから逃げない」「ひとりでも多くのJALファンを増やす！」

という情熱だけでした。

洗練されたスマートな接客が求められる職場ではありましたが、それは、距離を感じさせる乾いた接客とは異なります。

ことさら、**お客さまとの間でトラブルが発生したときほど、泥臭くお客さまと向き合うことが何よりも大切なのです。**

接客のプロとして、お客さまから逃げないということを肝に銘じて日々の仕事にあたってほしいと思います。ただし、暴力や脅迫のような犯罪行為があれば、もうその人はお客さまではありません。毅然とした対応をとるボーダーラインは間違えないでくださいね。

ポイント28

ピンチと思える場面こそ、お客さまから逃げずにしっかりと向き合おう！

02

お客さまをしっかり観察していますか？

——お客さまが目を合わせてくるときは「気づいて！」のサイン

飛行機の中ではＣＡによるドリンクやお食事のサービス、機内販売などが行われます。しかし、それが終わったからといって、もうあとは何もしなくていいというわけではありません。

私たちＣＡが欠かさずにしていたことは、「キャビン巡回」と呼ばれる客室内のパトロールです。

接客サービス要員と保安要員としての役目をあわせ持つ乗務員として、常に「安全で快適なフライト」を維持しなければなりません。

そのためには、**お客さまの様子や機内の状況をしっかりと把握しておく必要があります**。そのような理由から、業務が立て込んでいるときでも必ず誰かひとりは客室内にいるように努め、通路をゆっくり歩きながら客室を巡回するのです。

ところが、この客室のパトロール、新人CAが巡回するとこんなことが起こります。

「客室巡回、終わりました！」

と満面の笑みの新人CAから報告を受け、ほどなくして私も客室巡回を実施しました。

すると、**さきほど客室パトロールが終わったばかりだというのにたくさんのモノが目につくのです。**

たとえば、お客さまのテーブルにある飲み終わったカップや「できれば片付けてください」と言いたげに置いてあるゴミなどなど……。

そして、お客さまからは、「すみません、毛布ください」「コーヒーのおかわりくださ い」などと何かしら頼まれるのです。

そのようなときには、

「あれあれ？　さっきの客室巡回は何を見ていたのだろう……」

という気持ちになりました。

きっと私が新人だったときも、先輩に同じ想いをさせていたのでしょうね（笑）。

新人でもしっかりとお客さまのサインをキャッチできる優秀な乗務員もいるので、あくまでも「新人に多い傾向」という意味ですが、まだまだ視野が狭く、機内業務に不慣れな緊張から「まずは笑顔で！」ということに注力するため、お客さまを「見ているようで見ていない」のです。

つまり、瞳には景色が映っていたとしても、意識には何も落ちていないということです。

「お客さまをよく見る」というのは、私の言葉で言い換えると「お客さまの発しているサインを取りこぼすことなく拾う」という感覚に近いです。

お客さまのほうから目を合わせてくださるときは、「頼みたいことがあるから気づいて！」というサインです。

ソワソワと落ち着かないご様子は、何かしらの不具合、不安、不快があるときです。

意図的に通路側に置かれているゴミが入った袋は「これをさげてほしい」という気持ちの表れです。

「お客さまの前に出るときは、お客さまのご要望を一掃する」

このような気持ちでいることでおのずと歩くスピードもゆっくりになります。そして、お客さまを見る目も「ただ景色を映すだけの目」ではなくなります。そうなることで、きっとこれまで見えなかったことや気づかなかったサインが拾えるようになっていくでしょう。

言わずとも自分の想いに気づいてくれる人。どうにかして、その想いに気づこうと心を寄せてくれる人。そのような人の存在は嬉しいものです。それが巡り巡って結局は、そのようなことのできるスタッフがファンを増やしていくのです。

ポイント29

「お客さまの発しているサインはすべて見逃さない」という意識を持ってお客さまの様子をよく見よう！

03

目の前にいるお客さまに「愛情・興味・関心」を持つ

――「気づく力」は、日々の意識で磨くことができる

「お客さまの様子をよく見て気づくことが大切だ」「お客さまのニーズを掴め」……。

接客をしていると、このような言葉をよく耳にします。

私も、ここまで度々「気づく」ということについて書いてまいりました。

では、ここで、**「どうすれば気づく力やニーズを掴む力を磨くことができるのか？」**ということを考えてみましょう。

幼いころから「あなたはよく気がつくね！」といわれてきたような元々気がつくタイプの人。

また、すぐに誰とでも打ち解けることができるコミュニケーションセンスが備わっている人。そのような人は、やはり接客が得意な人が多いようです。

とはいえ、それ以外の人にもじゅうぶんに可能性があります。

私は、**「気づく力」は、訓練や日々の意識などで磨くことができると確信しています。**

その根拠となるものは、学生時代の部活での経験です。

私は、中学から大学までフェンシング部に所属していました。

顔をスッポリと覆うマスクを着用し、先輩と向き合って練習をします。マスクは視野を狭めます。

また、向き合っているのは先輩ですから、ミスをしないようにと神経を集中しています。そんな中、卒業生の先輩がひょっこりと練習場に顔を出されることがあるのです。

そのとき、下級生に課される仕事のひとつに、

「靴を脱いで練習場にお入りになる先輩に、いち早く気づきスリッパを出す」

というものがありました。

ところが、気づく力の長けている上級生に先を越されてしまうと、あとから厳しい注意をうけるのです。まさに体育会そのものですね（笑）。

「もう二度とそのような注意を受けたくない。先輩を動かしてはいけない」

と固く心に誓うことで徐々に背後の気配にも意識を向けられるようになりました。

これは、私だけでなく他のメンバーも同じように変化していきました。

「怒られたくない」という気持ちが、気づく力を磨いたという事例です。

ただ、本来は「怒られたくないから」というような痛みや自己保身にフォーカスしたものではないのが理想です。

「もっとお客さまに喜んでほしいから」「役に立ちたいから」「チームで良い仕事をしたいから」……。

このようなプラスにフォーカスしたものであることが理想的ですよね。

▼「接客のプロである」という言葉で自分を勇気づける

では、そのような「理想的な気づく力の磨き方」に必要なものは何かというと、**それは、相手への「愛情」「興味」「関心」**です。

それさえあれば、誰に強制されずとも自ら相手の情報を集めに行くはずです。

たとえば、まだ話すことのできない小さな愛する我が子や孫、飼っているペット。その様子やしぐさから、何かを感じ取ろうとしますよね？

また、自分の好きな芸能人やスポーツ選手、趣味のイベントなども自発的に調べてイベント情報やスケジュールを知ろうとしますよね？

お客さまに対しても同じです。

「愛情・興味・関心」を持つ。それが質の良い気づく力を醸成することに繋がります。「センスの問題」というひとことで片づけてはいけないのです。

最後に、**どうしてもそのような前向きな気持ちが持てないときに思い出してほしい言葉をお伝えします。**そのような状況や場面に遭遇したときは、**「私は接客のプロである」という言葉で自分を奮い立たせてください。**

誰かにお膳立てをされずとも、自分で気持ちのコントロールをするというプロ意識、気づく力と一緒に育ててくださいね。

ポイント30

お客さまに「愛情・興味・関心」を持ち、接客のプロであることの自覚を持とう！

04

お店以外でのふるまいは、恥ずかしくないものですか？

——「常に見られている」という意識を持つ

世の中にはたくさんの「感動を与えた接客事例」というものが出回っています。

お客さまの心を掴んでリピーターを増やしたい、売り上げに繋げたい！

そのような想いを抱いて情報収集することや、新しいことにチャレンジをするのは素晴らしいことですし、現状に満足してあぐらをかいているよりも活気ある職場にもなると想像します。

ただ、どんどん新しい施策を取り入れ「感動接客事例」を真似ることに躍起になる前に、振り返ってみてほしいことがあるのです。

それは、お店の外でのスタッフのふるまいについてです。

店舗内でお客さまに見せている顔や態度と、お店の外でのそれがあからさまに異なると、お客さまは複雑な気持ちになります。

「いやいや、外でお客さまにあったときにも、ちゃんと挨拶しているから問題なし」

という声が聞こえてきそうです。

たしかに、外であったときには挨拶どころか目も合わせないスタッフも存在することを思えば、店舗以外の場所でも、お客さまにきちんと挨拶のできるスタッフは好感をもたれることは間違いないです。


しかし、少し視点を変えて考えてほしいのは「お客さまの定義」です。


あなたの定義するお客さまは「既存のお客さま」ですか？

それとも、「既存のお客さま」と「未来のお客さま」ですか？


いつもご利用いただいているお客さまだけがお客さまではなく、すべての人が未来のお客さまになる可能性があるという視点をもってください。

たとえ、今は何のご縁もない人でも、未来にそれがどう変わるかはわかりません。これはその人が、お客さまになるかもしれないという下心で誠実な向き合い方をするということではありません。

お伝えしたいのは、店舗以外での利害関係によってあからさまに態度を変えているさまや、悪気はなくとも仕事の緊張感から解き放たれた傍若無人なふるまいは、接客のプロとしていかがなものかといいたいのです。

そのふるまいのギャップを目の当たりにし、気持ちが萎えるお客さまも少なくないでしょう。

想像しやすい例でいえば、有名人がわかりやすいかもしれません。メディアで見せている親しみやすい笑顔や誠実なイメージとプライベートで見せる姿があまりにも違うと多くのファンはガッカリしますよね。

スポンサーへの印象も著しく悪くなり、その人の価値を下げることに繋がります。これは、有名人に限ったことではなく企業も同じ。つまり、**その企業でお客さまとのパイプ役になる接客スタッフは、まさに企業価値を大きく左右する存在**だということです。

私もCAとして在籍していたころは、飛行機を降りたあとも制服を着て空港を歩いているうちはまだまだ仕事中。たとえ私服に着替えたとしても、見る人が見れば乗務員であるということがわかるので自宅までの公共交通機関内でも仕事中に近い感覚でいることを心がけていました。すべてがパーフェクトだったなどとはもちろんいい切れませんが、**常に見られている意識**というものが途切れないように自分なりに気をつけていたことを覚えています。

特に、企業・組織・チームで仕事をしている場合には、たったひとりの軽率な行動がひいてはチーム全体の信頼を失うことに繋がります。

それは一緒にがんばっている仲間への裏切りだと思います。お客さまをガッカリさせない、そして、仲間もガッカリさせない。そのような責任感が大切です。

ポイント31

いつ、どこで、誰に対しても変わらない誠実な態度。このような人格・品格がブランドを構築し、ファンを増やすことに繋がると理解しよう。

05

接客マニュアルに載っていない対応を迫られた場合、どうしますか？

――七條式3つの判断基準

接客マニュアルの取り扱いについては、色々な意見がありますが、私は、接客マニュアルはあるほうがいいという考えをもつひとりです。

それがあることで、**最低限の接客サービスの品質が保てるから**というのがその理由です。

スタッフの人数や店舗数が増えていくにつれて、やり方にバラつきが出てくると、お客さまを混乱させる要因にもなりますし、スタッフ自身が迷う原因にもなると考えているからです。

ところが、マニュアルに固執し融通が利かないスタッフの代名詞として「マニュアル人間」というような言葉を耳にすることがあります。

自分の頭で考えることを止めてしまったのか、まさに**「書いてあることしかできない」という残念な状態を指す言葉**ですね。

また、気持ちとしては臨機応変な接客がしたいと思いながらも、マニュアルを超えた対応の許容範囲の判断が難しく、致し方なくマニュアル内でのサービスに留めておこうと考えるスタッフもいると思います。

そのような想いをもつスタッフへの参考として、私がマニュアルにはないサービスを実施したときの判断基準についてご紹介します。

▼きちんと責任者にも報告して対応

ヨーロッパに向かうフライトでエコノミークラスを担当したときの話です。

「もしできたらでいいんだけれど、スポーツ新聞を何紙かもらうことはできないかな？」と、ある男性のお客さまから声をかけられました。

機内にある新聞は、販売したり差し上げたりするものではなく、多くのお客さまに機内で有意義な時間をお過ごしいただくためのサービス備品として用意してあるものです。

また、**マニュアルには差し上げてもいいともいけないとも書いてありません。**

私は、そのお客さまの様子から何か特別なご事情があるのではないかと思い、

「何か特別な記事が掲載されているのですか？」

と質問をしたところ、お客さまは嬉しさいっぱいという感じの笑顔で、

「母校が甲子園で活躍した記事がたくさん載っていたので、記念にほしくて……」

とおっしゃいました。

お客さまからそのようなことを聞き、なんとかご希望に添いたいという気持ちが湧いてきました。気持ちとしては「ええ、どうぞ！　どうぞ！　何紙でも持っていってください！」といいたいところですが、マニュアルにはない対応の判断基準として少し冷静に考えるべきポイントをあげておきます。

①お客さまが、この対応はスタンダードではないと理解してくださっていること
②他のお客さまが不公平感をもたないこと
③その対応によって他のお客さまへの接客品質が低下しないこと

お客さまによっては、一度受けた特別な対応について「前はそうしてもらった」と毎

以下の3つがクリアできていれば対応OK

1. お客さまがこの対応はスタンダードではないと理解している
2. 他のお客さまが不公平感を持たないこと
3. その対応によって他のお客さまへの接客品質が低下しないこと

回それが可能であるという解釈をされる方もいます。それによって別の便の乗務員が困ってしまうこともあります。

しかし、今回のお客さまは「できたらでいいんだけれど」とおっしゃっていることからその心配はないと判断しました。

また、お渡しするタイミングはすべてのサービスが終了し、他のお客さまからスポーツ紙のご要望が出ない着陸前にしました。その際には、中が透けない機内販売用の袋を活用し、他のお客さまが不公平感を抱かないように工夫しました。

そして、きちんと責任者にも報告しています。一緒に働く上司や先輩にも相談したり、許可を得ることも大切なことです。報連相も忘れずにしてくださいね。

ポイント32

マニュアルに固執して柔軟な対応ができないのは残念。どんな場合にマニュアルを超えた対応をするのか、その判断基準を明確にしてみよう。

06

SNSに掲載する画像や投稿文は、恥ずかしくないものですか？

――写真も投稿に使う言葉も、その人そのものを表す

「ひとり1台スマートフォン」と呼ばれる昨今、SNSが身近なものになりました。それをうまく活用して商品やお客さまに施術したヘアスタイルやネイルの写真を紹介したり、また、楽しそうに働くスタッフの様子を発信することでSNSを楽しみながら宣伝しているお店もありますね。

加えて、仕事に関することだけでなく**プライベートな内容の投稿も発信できるので、それを見た人がそのスタッフの好きなものに共感し、ユーモアセンスや生き方などに魅了されてファンになっていく**ということも多いですよね。

最近では、入社面接のときにインスタグラムのフォロワー数を聞く会社がある、などという話も聞いたことがあります。すでにファンがついているスタッフ、確かに魅力的な人材です（笑）。

一方で、簡単に投稿できる手軽さからか、慎重さを欠いたものも目にします。おもしろいと思って載せたのであろう画像は、ただ行儀が悪い下品なものであるとか、投稿文に使われている言葉があまりにも幼いものや汚い言葉遣いであったりすると、その人の人格だけならまだしも店の品格まで疑われるのではないかとヒヤヒヤします。

目立ちたい、アクセスや「いいね！」が増えればいいという承認欲求から意図的に炎上を狙ったものもありますが、意図的であればまだいいのです。コントロールできるということですからね。

もっとも恐ろしいのは「ウケるかも！」という大きな勘違いで投稿したものが「非常識」というカテゴリーに入れられてしまうことです。

仕事でＳＮＳを利用するならば、投稿を見た誰かが下品と感じるかもしれない、非常識だと思うかもしれないと冷静に踏みとどまることのできる想像力が必要です。

ニュースでも、スタッフの軽率な投稿によってその店が大きなダメージを受け、本人もこっぴどく叩かれるという報道が何度もされています。

しかし、まだまだそのような意識が希薄であるのかなあと感じずにはいられない今日この頃です。

私も仕事上、色々な店舗やスタッフの対応についてブログ記事を書いたり、ＳＮＳに投稿しています。そのときに気をつけていることは、私がやるべきことは、その事例から接客や仕事に対する考え方の課題を見つけ、改善点を提唱することであり、その店やスタッフ個人を誹謗中傷することではないということです。

ひとことで言えば、読んでくださった方が何かを感じ取り学び取ってくださることが目的であり、その店を実名掲載して制裁を加えることが目的ではないということです。

▼ＳＮＳの投稿は、想像以上に印象やイメージを左右する

ときおり、怒りに任せてそのような店の写真や実名の掲載をする人もいますが、それはかえってご自身のブランドに傷をつけているような気がしてならないのです。

また、個人情報管理が厳しいこの時代に、他人の車のナンバープレートが鮮明に映り込んでいるものを躊躇なく投稿している光景に出くわすと、それを見たお客さまが不安を感じはしないかな……などと思うのは私の考えすぎでしょうか。

あなたはどのように考えますか？

自身が発信するものは、**載せる写真も投稿に使う言葉もその人そのものであり、すべてが商品**です。

自分が思う以上に、ＳＮＳの投稿は印象やイメージを左右し、「この人はこういう人なのだ」というレッテルを貼られてしまうものです。

優等生が書くような投稿だけにする必要は全くありませんが、「これを見た人が何を思うか」という想像力が欠落している人が使うとリスクがあるのがＳＮＳだと思います。うまく使えばたくさんのファンを作ることができるせっかくのツールです。使い方について振り返ってみるのもいいのではないでしょうか。

ポイント33

発信する言葉も写真もすべてが商品。「自分」というものを表現するにふさわしい画像、ふさわしい言葉を選ぼう。

07

お客さまへの感謝の言葉を「具体的に」伝えていますか？

――ありきたりのフレーズを避けるコツ

接客をしているとお客さまに「ありがとうございました」という場面がとても多いと思います。

感謝の気持ちを伝えるこの言葉は、接客には欠かせない言葉ですよね。

しかしながら自らが接客をうけたとき、スタッフが口では「ありがとうございました」と言いながらも寸分もその気持ちが伝わってこなかった……。という経験はありませんか？

「ありがとう」という「文字を伝えること」に意味はなく、感謝の気持ちを届けるための手段としてこの言葉があります。

目も合わせず顔も見ず、ボソボソとした声でそのように言われても「マニュアル通りにこなされた」という印象しかなく、失礼だと感じる人もゼロではないと思います。

せっかくの「ありがとう」という言葉で、お客さまを敵にまわしたり怒らせてしまっ

では本末転倒です。

ここではお客さまをファンにする「感謝の気持ちが伝わる方法」について書いていきたいと思います。

まず、絶対的なベースとして必要なものは、あなた自身がお客さまに対してありがたいと思う気持ちです。これがないと何も始まりませんし、伝わりません。

それを標準装備した上で工夫してもらいたいのは、**「感謝していることを具体的に言葉にする」**ということです。

簡単な例でいうと、

・「いつもご利用いただき」ありがとうございます。
・「朝早くからお越しくださり」ありがとうございます。
・「たくさんお買い上げいただき」ありがとうございます。

このような表現は「何についての感謝か」ということがわかりますので、笑顔とアイコンタクトと気持ちが伴っていれば、ただの「ありがとうございます」よりずっと気持ちが伝わります。

とはいうものの、このフレーズももう聞き飽きてはいませんか？

ありきたりのフレーズを避けるためには、お客さまがおっしゃった言葉やとった行動にフォーカスすると素敵な言葉が見つかりやすいですよ。

たとえば、

・今日はたくさんのお客さまをご紹介くださいましてありがとうございました！　〇〇さんのおかげで多くのお客さまにご利用いただくことができました！

・〇〇さんからのご意見をうけて新しいメニューを増やしたところ、他のお客さまにも喜ばれました！　ありがとうございました！

というように、お客さまとの会話で得たヒントやお客さまのご好意による行動に焦点をあててみてください。

これは感謝の言葉だけでなく謝罪の言葉でも有効です。

「お待たせしてすみませんでした」というよりは「時間通りにお越しいただいたにもかかわらず、お待たせして申し訳ございませんでした」のほうがより具体的です。

このように伝えることでお客さまは、スタッフが自分の気持ちを理解してくれている、モヤモヤしているところに共感してくれたという安心感を得ることができます。

そのような伝え方をすることでお客さまは、あなたのことを信頼し心の距離を近く感じてくださるはずです。

私もCAだったころはお客さまにたくさん助けていただきました。

それを別の機会でお話しするときにも「先ほどは○○してくださってありがとうございました。本当に助かりました！」と具体的にお伝えすることでより深い感謝を伝え、いくつものピンチを乗り越えてきました。

このようなことがお客さまに「あの人を応援したい」という気持ちを芽生えさせるきっかけとなります。感謝の気持ちで、ぜひ「具体的に」伝えてみてくださいね。

ポイント34

せっかくの感謝の言葉「ありがとう」。
その想いをよりしっかりと伝えるために
「何に対しての感謝なのか」を具体的な言葉で表現しよう。

08

「あなたを大切に想っています」というメッセージ、仲間にも伝えていますか？

――スタッフ間の温かい雰囲気は、お客さまにも伝わる

私が定義する接客の本質は、**お客さまに「あなたのことを大切に想っています」という気持ちを様々な方法で伝えること**です。

その方法とは、笑顔や誠実さの伝わる身だしなみ、マニュアルにはない言葉がけ、ホッとするような心遣いなどです。

そしてそれは、お客さまだけではなく一緒に働く仲間にもぜひ伝えてほしいメッセージでもあります。

職場の仲間への敬意や思いやりによって生まれる良質なチームワークは、ひとりひとりが仕事において最高のパフォーマンスを発揮するための大きなファクターになるからです。

職場内におけるギスギスとした人間関係は、余計なエネルギーを消耗します。本来ならばお客さまに向けるべきエネルギーがそれで消費されてしまうことは、誰にとっても

いいことは何ひとつありません。

私は、ひとりひとりが持っているエネルギーやアイデアを最大限に活かすこと、それこそが経営陣、スタッフ、お客さまの全員が幸せになる方法だと思っています。

お客さまというものは、自分に向けられた接客への関心だけでなく、スタッフ同士の間に流れる空気を敏感に感じ取っていらっしゃることが多いです。

「スタッフ全員でいい仕事をしよう」「最高のパフォーマンスを発揮しよう」という雰囲気に包まれた空間は、お客さまにとって居心地の良いものです。

また、一緒に働く仲間への心遣いや働くことへの感謝、そのようなオーラを爽やかにまとっているスタッフというのは、そこにいるだけで華があり、周囲を惹きつける力を持っています。目立つためにそのようなことを演じるスタッフには「あざとさ」が垣間見えますが、自然体でそれができるスタッフは、仲間にとってもお客さまにとっても人気者であるのは当然のことと言えますね。

▼笑顔と怖い表情の落差にドキリ

私が新人CAだったころ、まだまだ不慣れで仕事の要領を掴むことができず、ペアでドリンクカートについていた先輩をイラッとさせてしまったことがありました。ひとりで一台のカートを動かすよりも、二人のほうがサービス時間の短縮はできるものの、ペアのときにはちょっとしたチームワークが必要になります。

ところが、一緒にペアを組んでいる先輩の意図を汲み取ることが難しく、先に進んで次のお客さまのオーダーをうかがってよいのか、一緒にカートを動かすべく先輩の作業が終わるのを待ったほうがいいのかわからず、動きが止まってしまいました。

笑顔でお客さまに応対をしながらも、そんな私の様子を横目で見ていた先輩が、一瞬こちらに怖い顔を向けイライラした様子で「先に進んでください」といいました。そのときの怖い表情と笑顔との落差、いまでも鮮明に記憶しています（笑）。

サービスについては未熟な新人だったのですが、その瞬間をお客さまに見られてはいなかっただろうかと気になりました。

一方で、ある訓練生がＯＪＴで乗務していたとき、周囲の先輩ＣＡたちのまるでひな鳥を育てているかのような雰囲気がよかったというお客さまからの声を聞いたことがあります。それを耳にしたとき、やはり上下関係があるなかでも相互に敬意をもった仲間での仕事は、お客さまへのプラスの影響をもたらすものだと再認識した次第です。

お客さまに対してはもちろんのこと、**一緒に働く仲間に対しても「相手を大切にしている」ということを惜しみなく伝えるスタッフ、そして仕事に対しても懸命であるスタッフは人の心を動かします。**それは、誰かのために懸命でいる姿がとても美しいからだと私は思います。

職場において、ひとりでも多くこのようなスタッフが増えるとプラスの連鎖が起きますね。まずは、本書をお読みのあなたにその役割を担っていただきたいです。

ポイント35

お客さまだけでなく仲間に対しても「大切に想っている」というメッセージを伝え、チームワークの要となろう！

09

接客のOKとNG、その線引きは？
——お客さまと真剣に向き合う「心」があるか

接客のOKとNGのボーダーラインは、いったいどこにあるのでしょうか？

お客さまの期待値や価値観は本当に様々であり、近い距離での親しみある接客をお望みの方もいれば、自分のペースや自分だけの空間を大切にしたいと考えるお客さまもいらっしゃいます。

つまり、接客において「何が良い、何が悪い」ということを一律に決めるのは難しいのです。

「その正解を決めるのは接客を受けたお客さまご本人である」ということが正解なのでしょう。

ただし、これだけはハッキリとお伝えすることができます。

「何をもってそう感じるか」ということは、人によって異なりますが、

★「良い接客だ！」と判断するときは、

・期待値を超えた接客であったとき
・得をしたと感じたとき
・その他大勢ではなく「個」としての扱いを受けたとき
・マニュアルやルールに縛られず特例としてのサービスを受けたとき
・「自分のことを大切にしてくれている」と感じることができたとき

以上のような感情を抱いたときです。

★「接客が悪い！」という判断をくだすときは、その逆です。

・期待値以下だったとき
・損をしたと感じたとき
・ひとまとめにされ「こなされた」と感じたとき
・融通が利かないとき
・「ないがしろにされた」「馬鹿にされた」「見下された」と感じたとき

このような気持ちになったときに「接客が悪い！」と感じ、次回の利用を控えたりクレーム事例に発展することがあります。

接客のOKとNGのちがい

接客のNG

- サービスが期待値以下だったとき
- お客さまが損をしたと感じたとき
- お客さまがひとまとめにされ、
  こなされたと感じたとき
- お客さまが「ないがしろにされた」
  「馬鹿にされた」「見下された」と感じたとき

接客のOK

- サービスが期待値を超えた
  接客であったとき
- 損をしたと感じたとき
- その他大勢ではなく、
  「個人」としての扱いを受けたとき
- マニュアルやルールに縛られずに
  特別なサービスを受けたと感じたとき
- 「自分のことを大切にしてくれている」と
  感じたとき

お客さまを怒らせようとは思っていないのにクレームが起きてしまうのは、そこに**「接客におけるコミュニケーションのズレ」や「足りない何か」があるからなのです。**

それゆえに、「あなたのことを大切に想っています」というメッセージをあらゆる手段を使ってしっかりと届けることが何よりも重要だということです。

極端なことをいえば、心の伴わない表面的な笑顔であったとしても、お客さまが「ステキな笑顔だ」「笑顔のあるいい接客だ」と感じたのであれば、それはOKなのかもしれません。このようなことは私の立場からは言いたくないことですが、それが現実です。

しかし、いくら心があったとしても表情が冷たく、誤解を招きやすいスタッフはクレームをもらうこともあるのです。とてももったいないことですね。

だからこそ、そのようなスタッフには「表情の改善」という課題をクリアしてほしいと心底願わずにはいられません。

▼後悔のない仕事をしていますか？

ここまで書いたことだけを見ると、「中身が伴っていなくても表面的なテクニックでごまかせばいい」という解釈をされてしまうかもしれません。短期的に見ればそれで何とかなることもあると思います。

しかし、**長期的に見たときに絶対に必要なものは「心」です。**

適当な接客を継続していても中身のない時間を過ごすことになり、結果的に接客の醍醐味でもある「お客さまと通じ合える喜び」や「やり甲斐」を得られることはないでしょう。

接客の受け止め方が様々なお客さまを相手にするからこそ、できる限りひとりひとりに真剣に向き合い、自分も後悔のない仕事をしていくことが大事です。

これが私のおすすめしたいＯＫな接客です。

ポイント36

接客はお客さまの感じたことがすべて。
「大切にされている」と感じていただけたならばＯＫ。
「ないがしろにされた」と感じさせてしまえばＮＧ。

第4章

応急処置より根本的解決でクレームをチャンスに変える！

01

「やらされている」と思うから、つまらないのです！

——「自発的」に仕事をしている人がお客さまの心を掴む

接客に限ったことではありませんが、なんでも「やらされている」と思えば思うほど、やるのが嫌になってくるものですよね。

機内で行われているサービスの流れや内容というものは、会社からの指示にそって実施されます。接客においても会社として打ち出しているポリシーやコンセプトはありますが、一挙手一投足まで決められるものではありません。

その隙間を縫うように**「自分の裁量や自らの工夫で、お客さまとの心の距離を縮めることのできる接客」**、私は、そこが「おもしろい」と感じていました。

この「おもしろい」というのは、ただ楽しい場面だけを指しているのではなく、対応が難しい場面も含めてのことです。

自分の頭で考えたことが誰かの喜びになることや、難題解決できたときの達成感は、

一度味わうと病みつきになります。

人にはいくつかの「欲求」がありますが、すべての人に備わっている欲求のひとつに「貢献欲求」というのがあるそうです。誰かの役に立ちたいという想い、役に立てたことを実感できたときの幸せな気持ちなど、皆さまも接客以外の日常生活でも味わったことがあると思います。

私事で恐縮ですが、私には二人のこどもがおります。CA現役時代にはまだ二人とも小さく、宿泊を伴う乗務員の仕事を続けていることに、少し、罪悪感がありました。「さみしい思いをさせているだろうな」「母親としてそばにいてあげたい」――。このような気持ちが渦巻きながらも、なぜCAの仕事をやめられないのかと、自分なりに考えてみたのです。

そこで見つかった答えが**「ひとりでも多くの人の役に立ちたい」という想いと「七條さんのおかげで楽しいフライトだったよ！　ありがとう」といってくださったお客さまたちの声や笑顔が忘れられないから**というものでした。

もちろん、まずは家族やパートナー、友人という身近にいる大切な人たちを幸せにすることが最も尊いことだとは思います。

しかし、当然のように心を寄せる人だけではなく、「もう二度と会うことがないかもしれない誰か」の小さな幸せに色を添えることができれば、どんなに素敵だろうと思っていました。そのような気持ちでおこなう接客は、自らの貢献欲求を満たすだけではなく、ファンやリピーターを増やすことにも繋がります。それは、私を採用してくれた会社への貢献や恩返しになるという気持ちもあったと思います。

人には、誰でも自分では気づかない魅力や可能性がたくさんあります。研修講師という仕事柄、色々な方と接していますが、それぞれの方の中にキラリと光る魅力と可能性が垣間見え、これからすばらしい接客スタッフとして成長するであろう未来の姿を想像すると、いつもワクワクしてしまいます。

本書をご覧のあなたは、接客の世界に足を踏み入れてワクワクしていますか？

それとも不安な気持ちでしょうか？　でも大丈夫です。

純粋に「誰かの役に立ちたい」「いい仕事がしたい」——。そのような想いが胸にあるのであれば何も心配はいりません。

なぜならば、**「やらされている人の仕事」と「自発的に誰かの幸せに貢献したい」と**

思っている人の仕事は、その時点で質が異なるからです。お客さまはその差を敏感に感じ取ります。

慣れるまではうまくいかないこともあるでしょう。

しかし、「自発的」に仕事をしている人はそのようなこともバネにして成長し、お客さまの心を掴むことができます。まずは美しい心でお客さまに貢献したいという気持ちを持つこと、これがクレームを起こさないために一番大事なことなのです。

ポイント37

自ら考え工夫するからこそおもしろい！あなたの魅力や可能性を惜しみなく発揮しよう！

02

「何のためにやるのか？」を理解していないと上滑りした接客に

――独りよがりな接客は、クレームになりかねない

「接客で大切なことはなんでしょう？」

という質問をされれば、多くの人が迷わずに「笑顔！」と答えることができるでしょう。

では、このような質問だとどんな答えが返ってくるでしょうか？

「笑顔を見せることで、かえってお客さまを怒らせてしまったり、違和感を持たれてしまう状況とはどんなときでしょう？」

接客に笑顔が大切であることは間違いないのですが、**笑顔がすべてを解決するわけではありません**。それを理解していない接客スタッフは、ご迷惑をおかけしたり、ミスをしたにもかかわらず謝罪をしながら笑みを浮かべてしまいます。

また、お客さまが辛かったご経験や大変な思いをしたという内容の話をしているにも

かかわらず、それを満面の笑みで頷きながら聞く……、などというのは違和感があると思いませんか？

このようなチグハグな対応は、相手の気持ちや状況を想像する力が欠落しているために起こります。

▼「相手があってこそ」のサービス

先日、居酒屋でこのようなことがありました。その居酒屋のスタッフさんからは「良い接客をしたい！」「元気な接客をしたい！」という前向きな気持ちを感じ取ることができました。その気持ち自体は素晴らしいのですが、**結果としてそれが「お客さま不在の独りよがりな接客」**であったことは否めませんでした。

その日集まったのは、女性の友人10名ほど。

久々の再会にスタートから話に花が咲いていました。ところが、元気の良すぎるスタッフさんたちが料理を運んでくるたびに、その大きな声のせいで楽しい話が中断するのです。また、善意の冗談であることは理解しつつも、何度も内容がいまひとつのユーモアを挟んでくるため（笑）、毎回、その相手をしなければならないめんどくささを感じてしまいました。

笑顔も元気な接客もユーモアも、それ自体は決して悪いものではなく、むしろ大切なことですし、「お客さまに良い印象を与えたい、喜んでもらいたい」というプラスの気持ちは評価に値します。

ところが、**使い方・使う相手・使う状況を間違えると、それは一気にマイナスな印象となりクレームになることもあるのです**。何がお客さまの怒りに繋がり、何が違和感を覚えさせているのかといえば、「お客さま不在」で相手を見ていないということです。

なぜ、笑顔でいる必要があるのかといえば、表情で「感謝」「歓迎」「好意」「親しみやすさ」というメッセージを伝えるためです。

ところが、お詫びのシーンでの笑顔は「ごまかしている」「真剣さに欠ける」「笑えばいいと思っている」という印象にしかなりません。**謝罪のときに表情から届けるべきは「心から申し訳ないと思っている」というメッセージ**です。

元気のよい接客は「働く喜び」「お客さまへの感謝と歓迎」「活気のあるお店」を演出するためのものです。お客さまへ向けた冗談は「楽しい時間の提供」です。

独りよがりな接客に注意する

しかし、それが本当にその目的を果たしているのかを、しっかりと見定める必要がありますよね。

「接客にはこれが必要、それが大事」と世間でいわれていることを鵜呑みにして闇雲に試すのではなく、「何のためにやるのか?」、そして、その成果を得られているのかということにフォーカスしましょう。

また、**どれもこれも「相手あってこそ」という基本を忘れてはなりません。**スタッフ同士で盛り上がるのではなく「お客さまありき」です。せっかくのやる気や前向きな姿勢が裏目に出てしまうのはもったいないですからね!

ポイント38

「良かれ」と思った接客が本当に喜ばれているのか、状況に即しているものなのかを考えよう。

03 考えながらマニュアルを読むことで臨機応変な接客力が身につく

――接客の正解はひとつではない

あなたの職場には、接客マニュアルはありますか？

まだ接客に慣れていない場合には、そのマニュアルを覚えることさえ大変かもしれませんね。マニュアルを読むとき、業務の流れは手順としてそのまま暗記するだけでもいいかもしれません。

ですが、接客対応の内容ならば、ただ鵜呑みにするだけではなく、色々な場面を想像しながら読み進めてみてください。

本書でも繰り返し「想像力」という言葉や「臨機応変」「融通」という言葉を使っていますが、**なぜ、接客においてそれらが重要なのかといえば、人間は感情の生き物だからです。**つまり、マニュアルという文字の世界だけでは、網羅しきれないことがあるからなのです。マニュアルに記載のない対応が必要な状況になったとき、「それはマニュアルに書いていないのでわかりません」というのでは困ります。

マニュアルに書いていないことであったとしても「こういう場面では、どのようにすればいいだろうか？」「このような対応をすれば、お客さまにご納得いただけるだろうか？」と**考える習慣をもつことが臨機応変な接客力を鍛える**ことになるのです。

過去に研修のご相談を受けたとき、とある会社の教育担当の方から、

「七条先生にお願いしたいことがあります。接客の答えはひとつしか教えないでください」

という依頼をされたことがあります。そのときは、まだ独立してから日も浅く、仕事もそれほど多くはない状態でしたので、研修は喜んでお引き受けしたい気持ちで山々でした。

しかし、そのご依頼にどうしても違和感があったので、理由を聞いてみると「答えをひとつにしなければ、みんな迷ってしまうから」という答えが返ってきました。

確かに、答えがたくさんあることで選択肢が増えて迷うかもしれません。

ひとつの事例に対してひとつの答えを決めてあげれば迷いませんし、そのように整えることも不可能ではありません。

ところが、私が長い年月接客の世界に身をおき、情熱を注いだ時間から得た結論は、

「接客の正解はひとつではない」ということなのです。

そうです、これこそがたったひとつの正解です（笑）。

そこで、私はこのようにお答えしました。

「接客の正解はひとつではないというのが私の正解です。ですので、答えをひとつしか教えないという方法に賛成できません……」

このような全く融通のきかない返事をしたために、当然のことながら成約には至りませんでした。ですが、ここは決して譲れないところでしたので致し方ありません。

▼「自分の頭で考える習慣」を持つ

「迷う」ということは決して悪いことではないのです。

「迷う」ということは「自分の頭で考える」ということの第一歩。決められたことしかできない、書いてあることしかできない、そのような接客はロボットと同じです。お客さまに伝わるものなど何もありません。

マニュアルを読みながらも、「なぜこのような対応をするのだろう？」「この通りでいいのかな?」など色々な想像をしてみてください。

そして、疑問があれば、尊敬できる先輩の見解を聞いてみるなど視野を広げてみてください。そのような試行錯誤が臨機応変な接客力を身につけることに繋がり、たとえクレームになりそうなケースに遭遇しても、自分の力で打破していくことができるようになります。

マニュアルは、お客さまに機械的な接客をするために作成されているものではありません。

あくまでも基本に立ち返るためのもの。それをもとにより良い接客をしていくために**「自分の頭で考える習慣」**を持ってほしいと思います。

ポイント39

マニュアルの丸暗記ではなく、考えながらインプットすることで接客力を向上させよう!

04

どのスタッフでも安心という信頼感は、一夜漬けで得られるものではない

――「気づきを得たあとの継続」が大事

チームで仕事をする場合には、それぞれの個性や接客スキルの差、また仕事に対する情熱などがまちまちであることも少なくないと思います。

接客するスタッフがひとりしかいない店舗ならば、そのような心配はいりませんが、スタッフが複数名いるとき、**お客さまはいつ誰が対応してくれても間違いのないお店や企業には絶大なる信頼を**おくものです。

エースのような存在のスタッフが対応してくれた際には、十分な満足を得てお客さまはお帰りになるでしょう。

しかし、スタッフ間のバラつきが幅広い時には「この人は何で接客の仕事を選んだのだろうか?」と疑問に思うほど、つまらなそうに接客をしているスタッフにあたることもあります。

このような落差は、お客さまにとっては当たるか外れるかの不安材料でしかありませ

ん。

CA時代に、お客さまからうかがったご意見にこのようなものがありました。

当時、ビジネスクラスで導入していた担当制度についてご感想をうかがうと、

「うん！　いいと思うよ！　誰が自分の担当CAなのかわかりやすくて。でもさ、いい人に当たったときはいいけど、そうじゃないときは困るよね！」

という「ごもっともです」としかいえないお答えが返ってきました（笑）。このようなご意見をうかがったことで、あらためて背筋が伸びたことを覚えています。

第1章にも書いたことですが、ホスピタリティで名を馳せるある場所に行った際、耳に飛び込んできた若い女性スタッフの

「ウソでしょ？」「マジウケる〰〰！」

には、心底ギョッとしました。

この言葉自体は珍しくはありませんし、ファストフード店や電車内でもよく耳にする言葉です。

しかし、**打ち出している企業イメージやコンセプト、他のスタッフさんとはあまりにも異なる二人の言動に、一気に何かが崩れるような気持ち**になりました。

▼現状に満足せず、日々お客さまの満足を追求していく

このようなばらつきを避けるために、一定以上のサービス品質を保つマニュアルがあるわけです。しかし、マニュアルはクレームをもらわない程度のものであり、お客さまをファンにしたり、リピーターにするほどの効果は期待できません。

本書も含めていえることですが、一冊の本を読んだだけで、また1日や2日接客マナーの研修を受けただけでは、チーム全体としての接客スキルは上がりません。目に見える形で**成果を出すために必要なことは、「気づきを得たあとの行動の継続」**です。すぐに結果が出るものではないため、継続は難しいものですが、ひとりひとりが**「何のためにやるのか？」「お客さまにどのような思い出や感情を持って帰ってほしいのか？」「そのために自分はどんな役割を担っているのか」**、いつも、そのようなことを考えてお客さまの前に立ってほしいと思います。

世の中には、ホスピタリティの良さでいつも上位にいる会社がいくつかあります。私が在籍したＪＡＬもそのひとつであると自負しておりますが、すでにそのような分野で

上位にランクインしている企業であったとしても、**日々お客さまの満足を追求していく**ということをしていました。

他の企業も同じだと思います。**現状に満足することなく、さらに「どのようにすればもっと良くなるのか？」ということを追い続けているからこそ、安定した人気と評価が得られているのでしょう。**

チームでひとつのことを見つめて、ひとりひとりが成長していくこと。それがいつしか、お客さまの揺るぎない信頼獲得という大きな成果を得ることに繋がるのです。この本をお読みのあなたが、チームの中でそのようなことを牽引できる情熱を持ち続けてくださることを願ってやみません。

ポイント40

お客さまからの絶大な信頼を得るためには、現状に満足することなく成長を続けることが大切だということを知ろう。

05 上司や先輩の「見習いたい！」と思える背中から学ぶこと
――リーダーに必要なものは「説得力」

今はまだ初心者マークをつけて接客をしているあなたに、毎日の仕事の中でぜひ見ておいてほしいことがあります。

それは、一緒に働く上司や先輩の姿です。

まだ先の話かもしれませんが、いつかあなたにも部下や後輩ができる日がくると思います。

もし、少しずつ余裕が出てきたならば、「チームとして良い成果を出すため」の準備として色々な人の接客や働き方を見ておいてほしいのです。

私自身も、一緒にフライトをした上司や先輩との色々な思い出がありますが、そのすべてが学びであったなあと、つくづく思います。

「この先輩の接客は素敵だなぁ。笑顔も自然で惚れ惚れしてしまう……」

「厳しい上司だけれども、すべてに説得力があって尊敬できるなあ」

「完璧でクールに見える人なのに、時々おっしゃる冗談が最高におもしろくてなんて魅力的な人だろう」

というように、色々な感情を持って上司や先輩たちの姿を見て「いい」と思ったことは真似をしていました。一方で、

「このような指示は、わかりにくいので混乱を招くなあ」

「このような接客を私はしたくないなあ」

と思うような場面に遭遇したときは、「では、もし私がその立場になったらどんな指示の出し方をする？　どんな対応を心がける？」というように考えていました。

リーダーに必要なものは何か？　という問いには様々な答えがありますが、私が**一番の条件に挙げたいと思うものは、ずばり「説得力」**です。

これは完璧でなければいけないということではなく、「率先垂範しようとする取り組み姿勢」が、後に続く人の心を動かすための説得力に繋がると言いたいのです。

今、あなたの周りには上司や先輩がいてくれると思います。その環境から得られることはたくさんありますので、それをもれなくご自身の学びにしてください。

接客の仕方、仕事への取り組み方、チーム内での影響力や貢献の仕方など、勉強になることは山ほどあるはずです。新人の立場であるからこそ、多くのことを身につけるチャンスでもあり、「いつか」の日のために準備をしておく期間でもあります。

いざ自分が上司や先輩になったとき、そこから説得力や率先垂範する習慣を身につけようとしても時間がかかります。だからこそ、人を牽引していく立場になる前に彼らのような習慣や考え方をしっかりと自分のものにしておくことを強くお勧めします。

その習慣のひとつとして、

- **「今の自分でもやれることはないだろうか？」と自発的に行動すること**
- **任されたことを精一杯やること**
- **そのためにきちんと準備をすること**
- **わからなければ素直に質問をすること**

このようなことに気をつけてみてください。

謙虚で前向きな姿勢、これこそが自分が上司や先輩になったときに「説得力のある人」として効果を発揮します。

さて、今あなたの職場にはどのような上司、先輩がいますか？　優しく親切でわかりやすく教えてくれる人や厳しいことをいう人もいるかもしれません。その中で言葉と行動が一致している人、その人をお手本にしてください。

お客さまをしっかり見ることはもちろん、あなたの前を歩く人たちがどのような接客をしているかを見ることは、「接客の引き出し」を増やすことやチームとして成果をあげることに繋がっていきます。

あなたの後ろをついてくる人のために、「見習いたい！」と思われる背中を今から育てておいてくださいね。それが強いチーム、つまりクレームとは縁遠いチームを作り上げる基盤となるのです。

ポイント41

今の環境から得られることをすべて学びとして蓄え、チームをけん引する立場になる日に備えよう！

06 そもそもが「いい接客をしなければならない」ではないはず！

——接客で大切なことは「自発的な気持ち」

現在、私は研修講師として接客マナーやコミュニケーションについて伝える立場にあります。受講してくださる方は様々で、

「今よりももっと成長したい！　改善課題を打破するヒントはないかな？」

という雰囲気で前のめりになって話を聴いている方や抱えている疑問を払拭するべく積極的に発言や質問をしてくださる方がたくさんいらっしゃいます。

しかし、「研修を受けさせられている」という気持ちが滲み出ている方が時々いらっしゃることもあります（笑）。

CAをめざす人は元々サービス精神が旺盛で、かつ、人と接するのが好きだという人が多いですが、私も例にもれずそのひとりでした。

「いい接客をしなければならない」「させられている」と思ったことは一度もなく、「い

い接客をしたい」と常々思っていました。そのため、自分の思い描く接客ができない環境になったときは、それがストレスになるほどでした。

その理由を尋ねられても特に深い理由はなく、

「ただ自分がそうしたいから」

というシンプルな答えしか浮かばないのですが、ある講座で学んだときに、これは「誰かの役に立ちたい」という誰しもがもっている「貢献欲求」であり、私は特にその欲求が強いからだということに気がつきました。

「させられている」「○○しなければならない」という気持ちでは、達成感や充実感を得ることは難しく、自らも幸せを感じることはできないでしょう。

そして、お客さまにしてみても「事務的な対応」「致し方なくこなしている雰囲気」「自発的ではない接客」というものには、乾いた印象しかありません。

つまり、接客において大切なことは「自発的な気持ち」なのです。

「快適にお過ごしいただきたい」

「お役に立てることがあれば惜しみなく尽力したい」
「お悩みがあれば解決してあげたい」

このような自らの想いがあるからこそ、お客さまはそれを感じてくださるのです。「クレームをもらいたくないから」「上司や先輩に怒られたくないから」という自己保身による「とりあえずの接客パフォーマンス」は、お客さまにとっても接客スタッフにとってもどこにも喜びはありません。

「接客に自信がないなあ」「接客って難しいなあ」

このように感じているとしても「だけど何とかしたい！　がんばりたい！」と思える人は大丈夫です。

前向きな気持ちは成長を加速させるものですし、たとえ今は拙い接客でもお客さまは、それでお怒りになることはほとんどありません。

また、不適切な表現かもしれませんが「接客なんてチョロい」と高をくくっている人ほど危険ですからご注意ください。

「もう接客はやりたくない」「自分には向いてない」と苦痛にしか感じない人を私は無

理に止めません。

ただ、忘れないで欲しいのは「私には向いてない」と思う人であっても、人間には必ず誰かの役に立ちたいという貢献欲求があるということです。

今は自信がなく接客を楽しむ余裕のないあなたも、**誰かの役に立てたときに喜びを感じた記憶があるのなら、あなたは接客に向いている証拠**です。

はじめから上手にできる人は誰もいません。クレームを恐れる暇があれば心を添えてください。ひとつひとつ誠実に丁寧に仕事を積み重ねていくことで、お客さまの支持も増え、きっとあなた自身が接客に夢中になりますよ。

ポイント42

はじめから自信のある人はいない。
失敗やクレームを恐れるよりも、精一杯の心を添えることに努めよう！

第5章

「接客できる」は武器になる!

～接客から得られる8つのメリット

メリット
01

お客さまからの「ありがとう！」は最高のご褒美

私はＪＡＬに18年間在籍していましたが、そのうちの2年間は、客室教育訓練室という部署でサービス訓練教官をしておりました。

そのときに、エアライン業界への就職を志す学生さん向けの講演をしてほしいとの依頼がありました。どのような内容をお話ししようかと考えた私は、当時訓練室で一緒だった尊敬すべき教官仲間にアンケートをとらせてもらったのです。

そのアンケートの質問のひとつに、

「CAになって一番嬉しかったことは何ですか？」

という項目を設けました。

ダントツで多かった回答は、予想通り、

- **お客さまからの「ありがとう！」や笑顔**
- **お客さまのご満足そうな様子を見たとき**

というものでした。

国際線の乗務にともなって海外に滞在することができたり、滅多にお会いできない方々と機内でお会いすることもあるCAの仕事。

そのような華やかな部分がクローズアップされがちですが、それでも一番の喜びは、やはり、お客さまの「ありがとう」なのです。

教官仲間からのアンケートを見て「あ〜、わかる！　わかる！」と大きく頷いたものでした。

とはいえ、接客はお客さまに「ありがとう」といわれるためにやるものでもありません。「ありがとう！」という言葉や笑顔を見せてもらえることはもちろん嬉しいことです。しかし、それがあろうがなかろうが、**「常に自分たちのベストを尽くす」というスタンスを守り続けることが大切**なのです。

ときには、心を尽くしても理解されないことや理不尽な言葉を返されることもありました。そのような中でも、腐ることなく愚直に淡々と誠実な接客を続けるからこそ、それを見ていてくださるお客さまから評価をされたり、感謝を言葉や笑顔にのせて返してくださるお客さまと出会うことができるのです。


「七條さんが担当でよかったよ！　また機内で会えたらいいね！」

「色々とありがとう！　お陰さまでゆっくりできました」

このようなお客さまの言葉に、**何度も励まされ、どれほどの勇気をもらったかわかりません。**

「ああ、私、この仕事をしていて本当によかった……」

と心の底から思える幸せな瞬間でもありました。


このような幸せは「神さまがくれたご褒美」だと捉えています。

月並みな言い方をするならば「やり甲斐」「達成感」「充実感」という言葉に置き換えられるでしょう。

研修や講演の打ち合わせをしていると、社長から「スタッフに仕事のやり甲斐を感じてほしい」「やり甲斐について話してほしい」、そのようなことを言われるときがあります。スタッフへの愛情を感じるお言葉に胸が熱くなることもしばしばです。

しかし、やり甲斐のある仕事だからやるのではなく、情熱をもってやるからこそ「やり甲斐」が手に入るのだと思います。

やり甲斐は会社が用意するものではなく、自分が掴み取るものです。

私が研修講師として皆さまの前に立ち続けているのは、この**「プライスレスなやり甲斐・達成感・充実感」**を皆さまに味わってほしいからかもしれません。ぜひ、あなたにも、それを体感していただきたいです。

ポイント43

接客を通じて、愚直に誠実にやり続けた人だけが得られる「プライスレスな喜び」を体感しよう！

メリット
02

誰かの幸せに貢献でき、人生に厚みが出る

ここまで、たびたび「貢献欲求」というものについて述べてきました。

接客業のメリットのひとつは、この貢献欲求を満たすことができるという点にあると思います。

日常生活でも誰かの役に立つことはできますし、それだけで暮らしていけるならばボランティアでやればいいことですが、生活のためには経済的基盤も大事なことです。つまり、**「接客を仕事にする」ということは、お金をいただいて貢献欲求を満たすということ**です。それゆえに、**プロ意識や責任も同時に持つ必要がある**とも言えますね。

さて、何度も「貢献」という言葉や「役に立つ」という言葉が出てきていますが、モノを「売る」「運ぶ」「出す」「施術する」というような行為は、すべてがそれに該当し

ません。

なぜならば、それらは「当たり前の作業にすぎないから」です。

私が提唱する接客とは、**プラスアルファの価値**です。

特にお客さまがお困りでもなく、シンプルなやり取りですむケースだとしても、そこに「笑顔」や「感謝の言葉」を添える、または「誠実なアイコンタクト」をするだけで接客の質はグンと上がります。

感動的な接客を狙う必要はなく「あら、感じがいいわね」「気持ちのよい接客をしてもらえたわ」、そのようなことでいいのです。

たとえば、困っているお客さまがいるとしましょう。

接客スタッフがベストを尽くしたにもかかわらず、解決に至らなかったときはそこには何も残らないのでしょうか？　答えはノーです。解決という結果に導くことはできなくとも、

「そこまでしてくれてありがとう」「わざわざ調べてくれて嬉しかったよ」

このような気持ちをもってくださるお客さまも、必ずいらっしゃいます。

それは、「自分のトラブルに真剣に向き合ってくれたことへの喜び」があるからです。解決はできなかったけれども、スタッフが心を寄せてくれたと感じていただけるということは、紛れもなく「お客さまの小さな幸せへの貢献」なのです。

私がＣＡだったときにしていたことも、このようなことばかりです。

・家族旅行や社員旅行など楽しいご旅行のお客さまには、より楽しい旅の思い出になるようにと絵葉書を差し上げたり、記念撮影のカメラマンを申し出たり……。

・小さなお子さまを連れて不安そうなお母さまには、少しでも安心していただきたいという気持ちでお子さまのお名前をうかがったり、私自身も母親であることを明かして親近感を持ってもらうことに努めたり……。

・ビジネスマンのお客さまには、少しでも飛行機の中でお休みいただけるように、ピリピリとした気持ちが少しでも和らぐようにと、お声がけは必要以上にせず静かな接客を心がけたり……。

人には必ず誰かを幸せにできる力があると思っています。私がしてきたことは、誰かの人生を変えるほどの大きなことではなく、どれもこれも小さなことばかりでした。

しかし、それでも「楽しかった」「ホッとした」「ゆっくりできた」など、出会った方が一瞬でも、そのような小さな幸せを感じてくださること、それが接客の喜びです。それに魅了されると、接客にはまりますよ。

ポイント44

接客とは誰かの人生の1ページに色を添えるもの。出会ったお客さまの日常のワンシーンに小さな幸せをプレゼントできる人になろう。

メリット
03

「次はどうすればいいだろう？」という発想が身につき、日々成長できる

接客のおもしろいところでもあり、難しいところでもあるのですが、９割のお客さまが好意的に受け止めてくださることでも中には、それを全く好意的に受け止めていただけないお客さまもいらっしゃいます。

ひとつエピソードを紹介させてください。

そのフライトは空席が多くありました。それにもかかわらず、並びの3席に小さなお子さまを連れたお母さまと、他人であるビジネスマンの男性が座っていました。その周辺には、たくさんの空席があったことから、「良かれと思って」空席への移動が可能であることをビジネスマンの男性にお伝えしようと考えました。

これまでのお客さまならば「移ってもいいの？　ありがとう！」「ゆっくり座りたかっ

たから教えてもらって助かった」という反応がかえってくるのがほとんどでした。そのため、いつものように「本日はたくさんの空席がございます。ごゆっくりお座りいただけますが、お移りになりますか？」と声をかけました。

ところが、その男性からは「なんで俺が移らなきゃいけないんだよ。隣の親子連れに言えばいいだろ」というお返事が……。

いや～、慌てました（笑）。

その男性は、私が隣の親子連れの快適性のために移動を促していると受け取ったのでした。言葉が足りず、不愉快な思いをさせてしまったことをお詫びしてことなきを得ましたが、思いがけずお客さまの反感を買ってしまい、驚いた事例でした。

このような場面に出くわすと、**自分のこれまでの接客に自信が持てなくなったり迷いが生じることもあります**。とはいえ、**それで身動きがとれなくなって立ち止まるわけにもいきません**。他にも待ってくださっているお客さまがたくさんいるからです。それに、このようなケースは勉強材料がとてもたくさんあるのです。

「何がお客さまを不愉快にしてしまったのかな？　すべてのお客さまにご理解いただけ

るような、誤解を招かない言い回しはないだろうか？」

このように発想を変えることで、今の**自分の接客を振り返り、さらなるブラッシュアップの機会をもつことができる**のです。

このケースでの気づきは「お移りになりますか？」という提案がときに「強制」に聞こえるのかもしれないということでした。

それ以降は、「空席があること」「移動が可能であること」の現状を伝えるだけに留め、「お客さまが選択できる」ということに重きを置いたご案内をするようにしました。おかげさまで、その言い回しに変えてからは、一度もお客さまとトラブルになったことはありません。

もちろん、すべてのお客さまを満たすことは難しいことですが、それでも、「できる限りすべてのお客さまを満たすこと」を諦めたくはなかったのです。

最後に、もうひとつエピソードを紹介させてください。

同僚がお客さまから感謝の手紙をもらったときのことです。フライト後のミーティングでその手紙を上司が読み上げると、彼女は目に涙を浮かべていました。その場所にいたメンバー共々胸が熱くなり、私も涙がこぼれそうになりました。

同僚は、そのような場面でさえも「もっとお客さまにできることがあったかもしれない」といっていました。感謝の手紙を受け取ったとしても、驕ることなく精進しようとする仲間の姿は見習うべきものでした。

思うような結果が得られなかったときだけではなく、「結果を得たときでさえ」成長したいと感じさせてくれる、それが接客という仕事です。

ポイント45

どんなケースからも学びがあると気づかせ、自分を成長させてくれるのが接客だと感謝しよう。

メリット
04

「見た目をキープしなきゃ！」という気持ちを後押ししてくれる

「七條さんは、どうしてCAを志したのですか？」

という質問をされることがあります。

単純な理由としては「職場が空である」というのがカッコいいから。

幼いころに見たCAさんが素敵で憧れていたから。

自分には手が届く世界なのか挑戦したかったから、というものでした。

まだまだ「誰かの役に立ちたいから」という高尚なものではありませんでした（笑）。

そして、もうひとつ、高尚ではない理由のひとつに**「常に誰かに見られている仕事を選ぶことで、自分を律することができるから」**というものがありました。

もちろん、採用が決まってからは「ひとりでも多くのＪＡＬファン、リピーターを増やしたい！」「お客さまの役に立ちたい！」と燃えていたことは、付け加えておきます。

「自分磨きが趣味、キレイな自分でいることが大好き！」という女性も世の中にはたくさんいます。

しかし、恥ずかしながら私はプライベートではわりと身なりを気にしません。元々体育会ということもあり、ラフな恰好、ノーメイクでいることを選んでしまうのです。

たとえば、育児休職中にこんなことがありました。

妊娠、出産を経て2年ほどフライトから離れていたある日、生まれた息子を見るために同僚たちが我が家に遊びにくることになりました。

インターホンが鳴り、ドアを開けると、そこに二人の同僚が笑顔で立っていたのですが、その眩しいことと言ったら……。

彼女たちのおしゃれな服装、清潔感と女性らしさ漂うメイクや髪形、洗練された笑顔。

それとは反対に、2年ほど人前から離れていた私は、体型を隠すような服に適当なメイク、眉毛も手入れできていたかどうか……（笑）。もう本当に恥ずかしくて、「私も同じ

CAとはとても思えない」「私はまたあの世界に戻れるのだろうか?」と我が身を振り返ったものです。

この経験は、「私は誰かの前に立っていなければ、どんどん劣化する」ということを嫌というほど感じさせてくれました。

女性として生まれた以上は、できるだけ美しくありたいと思いつつ、**つい怠けてしまう私のような人間には、接客の仕事はとてもありがたい**ものでした。

▼人は人から見られることによって、磨かれる

また、自身の願望とは別にしても「プロとしてお客さまの前に立つ」ということは、自分自身が看板であり商品です。商品という言葉に抵抗がある方は、「価値」という言葉に置き換えていただくといいかもしれません。

現役のころ、美しい先輩CAを見ては「なんてキレイな人なんだろう。この人は立っているだけで価値がある」と思うこともありました。そのような先輩とのフライトは、女性の私でも士気があがるものでしたし、歳を重ねても美しくいるための努力を放棄し

たくないなあと思わせてくれるものでした。

それは、不自然な若作りとは違い、清潔感や内から漂う品格や女性らしい所作、肌や髪の手入れを継続していくということです。

ときおり、せっかく接客の仕事をしているのに表情は乏しく、姿勢も悪く、寝起きのような雰囲気でお客さまの前に出ている人を見かけます。それはとても残念なことですし、ご自分を磨くチャンスを生かせておらずもったいないなと思います。

接客という人の前に出る環境と会社の看板を背負っているというプロ意識は、恥ずかしくない見た目をキープするための原動力となるものです。

人は人から見られることによって、磨かれるのです。

ポイント46

人の前に立ち続ける緊張感は見た目をキープするための原動力。いつまでも若々しくハツラツとした姿でいよう！

メリット
05

コミュニケーション能力は、どんな場所でも役に立つ

私はJALを退職したのちに起業し、新しい世界に足を踏み入れました。

怖いもの知らずというか、「起業する」という意志は固かったものの、経営やセールス、マーケティングなど、経営者として必要なことを全く学ばずに、勢いだけでスタートしたようなものでした。

未経験・無知という怖さを携えながらも、なんとかここまでやってくることができたのは、ひとえに、**接客経験を通じて身についたコミュニケーション能力のおかげ**です。そのようなベースがあることで、初対面の人に対しても、全く物怖じすることなく向き合うことができるからです。

老若男女問わず、色々なお客さまと目を合わせて言葉を交わし、「誤解のないように

自分の気持ちを伝える」ということを日常的に行っていた経験は、新しい世界に飛び込んだ私にとって、何ものにも代えられない大きな財産になっています。

また、コミュニケーション能力は、仕事だけではなくプライベートな場所でも大いに役立ちます。起業や副業という言葉が多く聞かれるようになった昨今だからこそ、あらためて見つめ直される力ではないかと思います。

たとえば、起業家が参加する講座やセミナーで、近い席に座っている人同士でワークをすることがあります。そのようなときに強く感じることは、接客や営業の経験がある人の多くは、知らない人同士の中でもすぐに打ち解けられる強みがあるということです。

もちろん、そのような短い時間では、その人のすべてを知ることはできませんし、それで評価うんぬんというのはナンセンスだとは思います。

しかし、**「出会い＝入り口」という部分においては、人と打ち解けることが苦手な人や自分を発揮できない人よりもアドバンテージがある**ことは明白です。

ただ、このようなことは「自分はすぐに誰とでも仲良くなれます！　それが特技です！」という一方通行の元気の良さとは異なります。

その積極性と元気が「周囲に受け入れられているかどうか」「独りよがりの押し付けになっていないか」という視点を持てるかどうかが大切です。

このようなとき、接客や営業に真剣に取り組んできた経験のある人は、**相手の反応や様子を敏感に感じ取ることが自然にでき、「お互いに気持ちの良い時間を過ごせているか」という部分にフォーカス**できます。どちらの人と一緒に過ごしたいかと聞かれれば、後者を選ぶ人がほとんどだと思います。

また、講師として皆さまの前に立っているときに「率先していい空気を作り出そうとしているな」と感じた人にお仕事を尋ねてみると、やはり接客や営業を経験している人が多いような気がします。

さきほども少し触れましたが、起業・副業というような「個」として仕事をしていく場合にも「正しく自分を表現する」「そのために双方にとって心地よい関係性を築く」ということが、より重要視されると考えます。

また、ITやAIというものが身近になった今の時代だからこそ、人との関わりが価値あるものになると思います。なぜならば、**人は誰かに認められ、受け入れてもらうことに幸せを感じる生き物だからです。**

学歴や成績というものも大切ではありますが、これからの時代はコミュニケーションスキルが非常に重要な社会になっていくような気がします。接客という仕事に情熱を注ぐことで、いつしかそのような力が自然と身についている。これは接客を経験することの大きなメリットですよ！

ポイント47

接客で体得できる「初対面の人にも物怖じすることなく心地よい関係性を築ける力」をプライベートでも発揮しよう。

メリット
06

強い心が育つ

接客は決して「楽しい」だけで済むものではなく、大変な仕事であるということは紛れもない事実です。

それなりの代金を支払い、高い期待値をもってお越しになるお客さま。

色々な価値観や文化の違いのあるお客さま。

サービスに厳しい目をもつお客さま。

それらすべてのお客さまに必ずやご満足していただこうという情熱的な気持ちと同時に、プレッシャーやストレス、そのようなものとも日々戦っていたことも嘘ではありません。

ただそれを、大変なこと（＝デメリット）と捉えるか自分にとってプラスになること

（＝メリット）と捉えるかは人それぞれ。

私は、そのような経験をすることができて、接客の仕事をしていて本当に良かったと心から思っています。それは、**世間知らずでただの短気だった私の心を育ててくれたから**です。

たとえば、仕事でなければ思わず感情的になっていたであろう場面では、「私は接客のプロである」「会社の看板を背負っている」という意識をもって冷静さを保つことの大切さを学びました（3回ほど理性が飛んで言い返してしまったこともありましたが……笑）。

細心の注意を払ってお客さまに声をかけたにもかかわらず、「今、邪魔だ！」といわれてしまってもめげない強さも身につきました（笑）。

「ひとつひとつの仕事に心を込めたい」という優等生の自分と、膨大な業務量に気が遠くなるような現実との間で自分を律していく強さ。

接客を通じて、忍耐力・自分を律する心・折れない心、そのようなものがしっかりと身についたような気がします。

▼お客さまに鍛えられ、お客さまに癒される

私は常々、「接客はお客さまに媚びることではない」「理不尽な要求には毅然とした対応を」と申し上げております。

その考えは、一貫しており変わることはありません。

しかし、今流行りの**「好きなことだけやっていこう！　嫌なことはしなくていい！ありのままの自分で！」を都合よく解釈し、「楽なことしかしない」という選択だけでは全く成長がないと考えます。**

思い通りにいかないこと、努力しても結果が得られないこと、そのような厳しい場面や辛い場面があるからこそ「行動を振り返る」「原因を考える」「次回に向けて工夫する」という発想になると思うのです。

一筋縄ではいかないこともたくさんありました。

しかし、**それを乗り越えたからこそ手に入れられたものも同じだけあります。**心が荒んでしまいそうになったとき、そんな私の心を癒してくれたのも、またお客さまでした。お客さまの笑顔や「ありがとう」に何度救われたかわかりません。

接客を通じてお客さまに鍛えられ、そして、慰められ……。そのような日々を過ごしているうちに、いつしか「強い心」が育っていました。

お客さまを相手にする仕事は、決して楽なものではありませんが、それと引き換えにプライスレスな価値を手にすることができると、私は思っています。

ポイント48

一筋縄ではいかない経験と引き換えに「強い心」を手に入れよう。

メリット
07

お客さま側に立ったとき、品格ある行動ができるようになる

接客の仕事を通じて本当にたくさんのお客さまとの出会いがありました。

社会的地位が高い方であるにもかかわらず、私どもに対しても終始丁寧に接してくださった紳士的なお客さま。

飛行機をお降りの際に、立ち止まって深々と頭をさげてお礼を述べてくださったご年配のご夫婦。

小さなお子さまを連れていることで周囲の皆さまにご迷惑をかけまいと、懸命にお子さまをあやしていたお母さま。

何かをオーダーするときに、「忙しいときにすみません」「あとでもいいですので……」と心遣いを見せてくださった優しいお客さま。

お食事のご希望に添えず、申し訳ない気持ちでいっぱいになりながら謝罪にうかがうと、「じゃあ、仕方ないね。他のものをいただくよ」と残念な気持ちをぶつけることなくご協力いただいたお客さま。

優しいお客さま、こちらが思わず頭をさげたくなるようなお客さまと出会うたびに、**自分がお客さまの立場になったときは、このようなふるまいができる人で在りたい**と思わせられました。

反対に、ごく一部ですが理不尽な要求や非常識な言動に苦慮したお客さまもいらっしゃいました。そのときには毅然とした対応をせざるを得ませんでしたが、そのような事例もあるからこそ、先に述べたお客さま方の素晴らしさがより際立っているようにも感じました。

色々なお客さまと出会い、そして、様々なふるまいを見る中で自分が接客される側になったときには、

・スタッフさんに対しても必ず敬語を使うようにしよう
・スタッフさんが忙しそうなときは少し配慮して声をかけよう

・合い席などの協力依頼があったときは快く応じよう
・なにかを提供されたときは「ありがとうございます」と伝えよう
・飲食店をあとにするときには「ごちそうさまでした」と伝えよう
このようなことを当たり前にできる人でいたいと思うようになりました。

▼品格のある行動が身につく

接客経験があることで、お店側やスタッフさんに対して必要以上に気を使いすぎてしまうこともありますが、それでも**「品格のある行動」を心掛けることができるようになったのは接客経験の影響が大きいです。**

雑誌やネットの記事などで「上司と一緒にいて恥ずかしかったこと」「恋人のふるまいにげんなりしたこと」というタイトル記事を目にすることがあります。その中でも、お店のスタッフさんやタクシーの運転手さんに対してのぞんざいな態度がよく取り上げられています。

たしかに、一緒にいる人が偉そうな態度をとっていると恥ずかしいですよね。

「自分よりも立場が下の人に対してどのように接するか」というのは、その人の人格、品格とイコールだと思います。

私は接客経験を通じて**「自分がそのような立場になったときにどうあるべきか」ということがイメージしやすくなりました。**

何をされればありがたいのか。どんなことをいわれると悲しくなるのか。どのような行動が迷惑なのか……。

そのようなことを誰よりもわかってあげられるからです。

ポイント49

接客を通じて得た痛みや喜びを、自分自身の人格や品格の形成に繋げていこう。

メリット
08

広い視野を持つことができるようになり、世界が広がる

接客をしていると色々な方と出会います。

時間的に余裕のあるフライトではお客さまからプライベートなお話を聞くこともありました。お客さまのお仕事やご家族、趣味や悩みまでが話題にのぼることも珍しくありませんでした。

お客さまからお話をうかがうことができたとき、そこにはたくさんの気づきがありました。

ビジネスクラスをご利用のお客さまからハードなスケジュールをうかがい、その過酷さに驚くとともに、世界中を飛び回っている華やかさの裏側にある苦労を知ることができました。

脊椎損傷というハンディキャップを持ちながらも、車イスで飛行機をご利用になり世界中を旅しているという女性のお客さまからは、その明るさとバイタリティーに勇気をいただき、したいことを諦めないたくましさを学びました。

機内で涙していた小学校低学年くらいの男の子。お母さまにその涙の訳をうかがうと、「単身赴任をしているパパに会いに行き、空港でお別れしたときは泣かなかったのに飛行機に乗ったら淋しさがこみ上げてきたみたいで……」とお母さまも目に涙を浮かべて教えてくださいました。がんばっているのはお父さまだけではなく、ご家族みんなで色んな想いを胸に支えあっているのだという絆に触れ、こちらまで涙が出そうになりました。

あいにくの曇り空で雲以外の景色が全く見えないにもかかわらず、窓の外をずっと眺めていたお客さまに声をかけると「孫悟空になった気分だった。雲の上の景色なんて見る機会は滅多にないもの」とのお返事でした。

「雲しかない＝残念」というのは思い込みで、視点を変えれば何でも楽しむことができるのかもしれないという気づきをいただきました。

このようなエピソードは尽きることなくありますが、**お客さまの人生や生活の一部を**

垣間見たことにより、私自身の視点が増え視野が広がったと感謝しています。

▼接客は一瞬一瞬が真剣勝負

お客さまと長い時間を共有できない短時間のフライトでも、気づかされることはたくさんありました。

・気遣いや心遣いまで味わっていただく時間がない場面では、どのようにして「感謝」「歓迎」「敬愛」の気持ちを伝えればいいのか。

・トラブルやクレームが発生しても挽回する時間や充分なフォローができないフライトでは、何に気をつければいいのか？

・まずはクレームを起こさないという前提で何ができるか？

このようなことをいつも自問自答するなかで見えてきた答えは「接客は一瞬一瞬が真剣勝負」だということです。

上辺だけのことに意味はないという人もいますが、表情・アイコンタクト・身だしなみへの真剣な取り組みの重要性を確信しています。

接触時間が少ないからこそ、「やれることに込める気持ち」を忘れてはいけない。そのようなことに気づくことができました。

お客さまそれぞれのストーリーから気づきや学びを得て、自身の視野を広げることができたこと、そして一瞬一瞬が真剣勝負であるということに気づけたことは、私が接客をしていて本当によかったと思うことです。

ポイント50

お客さまのストーリーから学びを得て視点を増やし、視野を広げて豊かな人生を送ろう！

おわりに

「当たり前」にできるようになるまで継続して実践する

本書でお伝えしたことは、私が接客の世界に身をおき、情熱をかけて得てきた情報ばかりです。

ただ、がむしゃらに毎日毎日、「機内で出会ったお客さまにご満足いただきたい」「JALを好きになってほしい」——、その想いだけで駆け抜けてきたように思います。

そのなかで、上辺だけの接客スキルでは通用しないこと、また、「気持ち」だけでも充分ではなく、**「心と形の両輪」がいかに大切であるか**ということを痛感しました。

接客について講演や研修をしますと、たまにアンケートにこのような意見を書かれることがあります。「特に目新しい情報はなかった」。

かたや、「自分ではやっているつもりだったけれど、実際にはできていなかったかもしれない」「疑うことなく使っていた言葉やフレーズを見直してみようと思った」という感想を持つ人もいます。

同じ情報を伝えても、感じ方・捉え方・気づきの深さは人それぞれです。

ここで改めてハッキリ申し上げたいことがあります。知っていることだけで満足して自分にはなにも課題はないと考える人と、知識だけではなく行動しなければ意味がないと考え実際に動く人の差は、とても大きいということです。

さらにいえば、意識はあっても「やっているつもり」では結果には繋がりにくく、**「できている＝相手がそれを認識してくれる」という状態になるまで徹底的にやる必要がある**のです。いわば、無意識でもできるレベル、「当たり前」になるまで継続して実践することをやめないでほしいと思います。

本書があなたの接客バイブルとなってくれれば、この上ない幸せです。

このたびは、本書をお手にとってくださり、そして、最後までお読みいただき誠にありがとうございました。あなたに接客されるお客さまの幸せと、あなたが接客を通じてプライスレスな価値を手に入れて輝いていかれることを心からお祈りいたします。

著者

［著者］

七條 千恵美（しちじょう・ちえみ）

株式会社GLITTER STAGE 代表取締役

1973年京都府出身。同志社大学卒業後、日本航空に入社。お客さまから多くの賞賛をいただき、さらに際立った影響力を持つ客室乗務員として「Dream Skyward優秀賞」を受賞、取締役から表彰を受ける。また、TOP VIPフライトの中でも最上級ハンドリングのフライトであった皇室チャーターフライトのメンバーに抜擢された経験を持つ。

経営破綻後の2010年より２年間、客室教育訓練室の教官として1000人以上の訓練生を指導し、多くの優秀なCAを輩出。サービス訓練教官としての会社評価は、最上位に該当するＳ評価を受けるなど教官としても数々の実績を残す。

特にサービスマインドの強化と身だしなみの授業は評価が高く「気づきの女王」「身だしなみ隊長」と呼ばれる。

現在は、株式会社GLITTER STAGEの代表取締役として接客マナー研修や社員教育などで全国を飛び回る。「強い牽引力とわかりやすさ」には定評がある。

主な著書に、『接客の一流、二流、三流』（明日香出版社）がある。


これだけできれば大丈夫！　すぐ使える！

接客１年生

――お客さまに信頼される50のコツ

2018年11月７日　第１刷発行

著　者――――七條 千恵美
発行所――――ダイヤモンド社
〒150-8409　東京都渋谷区神宮前6-12-17
http://www.diamond.co.jp/
電話／03･5778･7234（編集）　03･5778･7240（販売）
装丁・本文デザイン、DTP―二ノ宮 匡（ニクスインク）
カバー・本文イラスト―坂木浩子（ぽるか）
校正――――鷗来堂
製作進行――――ダイヤモンド・グラフィック社
印刷――――慶昌堂印刷
製本――――本間製本
編集担当――――高野倉俊勝

ISBN 978-4-478-10680-8